本书是江西省社科规划项目“信任修复理论视角下慈善组织公信力重建研究”(14SH07)的阶段性成果。

本书得到国家级一流本科专业建设点(社会工作专业)、江西省一流专业(社会工作专业)、江西省一流学科统计学(社会统计方向)财政专项资金支持,为一流学科建设成果之一。

| 光明社科文库 |

慈善组织公信力修复与重建研究

秦安兰◎著

光明日报出版社

图书在版编目（CIP）数据

慈善组织公信力修复与重建研究 / 秦安兰著. -- 北京：光明日报出版社，2019.12

ISBN 978-7-5194-5580-4

Ⅰ.①慈… Ⅱ.①秦… Ⅲ.①慈善事业—组织机构—信用—研究—中国 Ⅳ.①D632.1

中国版本图书馆 CIP 数据核字（2019）第 301476 号

慈善组织公信力修复与重建研究

CISHAN ZUZHI GONGXINLI XIUFU YU CHONGJIAN YANJIU

著　　者：秦安兰

责任编辑：许　怡　　　　责任校对：袁家乐

封面设计：中联学林　　　责任印制：曹　净

出版发行：光明日报出版社

地　　址：北京市西城区永安路 106 号，100050

电　　话：010-63139890（咨询），63131930（邮购）

传　　真：010-63131930

网　　址：http://book.gmw.cn

E - mail：xuyi@gmw.cn

法律顾问：北京德恒律师事务所龚柳方律师

印　　刷：三河市华东印刷有限公司

装　　订：三河市华东印刷有限公司

本书如有破损、缺页、装订错误，请与本社联系调换，电话：010-63131930

开　　本：170mm×240mm

字　　数：161 千字　　　　印　　张：14

版　　次：2020 年 3 月第 1 版　　印　　次：2020 年 3 月第 1 次印刷

书　　号：ISBN 978-7-5194-5580-4

定　　价：85.00 元

前　言

慈善事业是国家治理现代化的有机组成部分和内在需求，党的十九大报告指出要“完善社会救助、社会福利、慈善事业、优抚安置等制度”。在我国慈善事业发展过程中，慈善组织公信力具有举足轻重的作用。公信力是慈善组织的生命力，具有较高公信力的慈善组织才能获得社会公众的普遍认可，才能筹集到更多善款，才能更好地发挥其扶贫济困、关爱弱势群体、灾害救援、促进慈善事业发展等功能。

然而，近年来我国慈善危机事件时有发生，导致慈善组织的公信力在下降，慈善组织正面临公信力重建的重任。首先，在重建公信力之前，慈善组织需要在认知上知道影响慈善组织公信力的主要因素有哪些，这些因素是直接影响慈善组织公信力，还是通过其他因素的中介而间接影响。其次，公信力重建是一个漫长的过程，信任修复是重建的起点，在危机发生后，慈善组织如何有效修复社会公众受损的信任，是公信力重建研究需要面对和解决的一个现实问题。最后，在信任修复基础上，如何重建慈善组织的公信力，有哪些路径可以选择？哪些重建方式可以取得较好效果？本研究对以上三个层面的问题给予了回答。通过实证调查，研究主要发现以下结果。

(1) 影响慈善组织公信力的主要因素有普遍信任、媒体认知、慈善沟通、机会主义感知和慈善效能感。其中慈善沟通对慈善组织公信力影响最大，而且在普遍信任、媒体认知、慈善效能感对慈善组织公信力的影响中起到了中介作用。

(2) 慈善组织危机事件会显著降低慈善组织的公信力，具体表现为在危机事件后，慈善组织的能力信任、正直信任和善心信任均有显著的降低。尽管危机事件降低了慈善公信力，但社会公众还是持有较为理性的、乐观的态度，仍有多数公众表示会继续进行慈善捐赠。

(3) 披露真相、弥补错误修复策略在公信力修复的效果上最好，其次为道歉、承诺、赔偿策略，而否认策略的修复效果最差。

(4) 慈善组织重建公信力的路径是多维的，承担社会责任、建立或完善规范、加强监管机制、重塑形象、惩罚都是较好的重建公信力路径，慈善组织通过这些路径可以取得较好的公信力修复效果。此外，慈善组织还可以选择提升工作透明度、名人参与和加强危机公关这三条路径，它们同样通达公信力重建的目的地。

在调查研究的基础上，本研究提出了以下慈善组织公信力重建的对策与建议。(1) 加强慈善组织沟通能力建设，建立透明的信息沟通机制；(2) 提升慈善组织信任修复能力，多使用有效的修复策略；(3) 加强慈善组织自身能力和价值观建设，完善组织的信任展示机制；(4) 以透明度建设为突破口来重建慈善组织公信力；(5) 建立健全慈善监督管理制度，完善慈善组织的外部约束机制；（6）提升社会的普遍信任，增强公众的媒体认知；（7）加强慈善文化建设，普及慈善教育。

本书主要分为三个部分，第1章至第2章为本书的导论、概念界定与研究综述，这两个部分为理论研究部分。第3章至第5章为实证研究部分，第6章至第7章在实证研究的基础之上，提出慈善组织公信力重建的对策与建议，并得出研究的主要结论。

本研究成果在理论层面上建构了危机事件下慈善组织信任修复与重建模型；在理论上丰富了慈善组织公信力管理研究；在实践层面上，本研究成果为破解慈善组织信任危机提供参考，助力慈善组织公信力重建，对我国慈善组织公信力的提升具有重要参考价值。

本书是我主持的江西省社科规划项目“信任修复理论视角下慈善组织公信力重建研究”（14SH07）的阶段性成果。得到江西省一流专业（社会工作专业）、江西省一流学科统计学（社会统计方向）财政专项资金支持。在开展研究过程中，我的研究生齐冰远、郭婷婷、程莹莹在问卷编制和发放过程中做了很多工作，刘一鸣、万雨萍、朱少娟参与了书稿的校对工作，感谢他们的努力付出。

本书写作，历时三年，历经多次修改和完善，尽管笔者审慎尽力，但在书中难免会有疏漏和讹谬之处，恳请学界和各界专家不吝赐教，给予指正。

秦安兰

2019年9月

目　录
CONTENTS

第1章

导　论

1.1　研究背景

近年来，从中国红十字会“郭某美事件”、慈善总会“尚德诈捐门”事件到青基会“中非希望工程”、某省宋庆龄基金会的“宋庆龄雕像事件”，从公众对某然天使基金资金去向的质疑，到对深圳壹某金公益基金芦山地震捐款使用速度的质疑，诸多事件凸显慈善组织的公信力在下降，慈善组织正面临重建公信力的重要任务。慈善组织如何重建公信力也成为制约中国慈善事业发展的重要问题。《中国慈善发展报告（2015）》总结2014年十大慈善热点事件中有三件均为慈善组织危机事件，如壹某金事件、天某妈妈遭受质疑，杨某斤事件，施某会事件，这些危机事件损害了捐赠者对慈善组织的信任，致使公众对慈善组织产生怀疑，严重损害了慈善组织的公信力，社会公众呼吁慈善事业规范化管理。2016年9月，《中华人民共和国慈善法》的正式实施回应了社会公众的这种需求，《慈善法》的出台标志着慈善事业的发展正进入“法治慈善时代”，其制度意义在于促进慈善事业的专业化和规范化，提升慈善事业的公信力。此后，国家陆续出台了与《慈善法》配套的法律与政策性文件，如《社会服务机构登记管理条例》《红十字会法》《基金会管理条例（修订草案征求意见稿）》《社会团体登记管理条例》《慈善组织认定办法》《公开募捐平台服务管理办法》等。通过系统法律和政策性文件的出台，初步塑造了较为完整的制度环境，为提升慈善组织公信力提供了相对良好的制度环境。

慈善组织公信力在慈善事业发展中具有重要价值，慈善事业是国家治理现代化的有机组成部分和内在需求。《中国慈善事业发展指导纲要（2011—2015）》明确提出把慈善组织资源募集使用能力和社会公信力明显提高作为主要目标之一和重点任务。近年来慈善危机事件频发表明慈善组织公信力建设任重而道远。在当前我国慈善制度法律尚不健全、慈善危机事件频发、慈善组织公信力不断遭受挑战的宏观背景下，如何修复捐赠者对慈善组织的信任，加强慈善组织的公信力已经成为中国慈善事业发展的重要问题。

尽管我国慈善事业面临慈善组织公信力重建的难题，但是从近年来我国社会组织和慈善捐赠的发展态势来看，我国慈善事业发展又面临新的契机。截至 2016 年底，我国共有社会组织 69.9 万个。其中社会团体 33.5 万个，基金会 5523 个，民办非企业单位 35.9 万个。截至 2018 年我国拥有慈善组织总数为 4115 个，其中基金会 2163 个，占比 52.40%，社会团体 1308 个，占比 31.70%，民办非企业 544 个，占比

13.20%，事业单位56个，占比1.4，其他44个，占比1.10%①。中国慈善发展报告显示，2014年基金会行业接收捐赠373.3亿元，2015年439.3亿元，2016年489.4亿元，呈现逐年上升趋势。除了基金会的其他社会组织，包含民政系统登记的民办非企业单位和社会团体，2014年这些组织和团体接收捐赠524.9亿元，2015年610.3亿元，2016年1346亿元。从近年来我国慈善组织的发展数据和我国慈善捐赠数据可以看出，当前我国慈善事业呈现出良好的发展态势。慈善捐赠数据近年来逐年递增，反映出社会公众的捐赠热情和积极参与慈善事业的现实。但另一方面，我国社会组织发展并不充分，尤其慈善组织发展严重滞后，慈善组织的数量与社会捐赠的数据呈现鲜明的对比。这表明我国应更加注重发展慈善组织，尤其是需要加强慈善组织的公信力重建工作，进而不断激发社会公众参与慈善事业的热情和激发更多慈善捐赠行为。

1.2　研究目的

本研究主要有以下两个目的：

（1）通过问卷调查检验慈善组织公信力的构成要素，了解当前慈善组织公信力的现状，即中国公众对慈善组织的信任现状。进一步详细了解在慈善组织发生危机事件后，危机事件对慈善组织公信力的影响。危机事件发生后，公众的捐赠行为是否受到影响，何种修复策略

---

①　慈善组织分布数量类型［EB/OL］. 2018. 中国慈善信息平台.

会取得较好的修复效果等一系列问题。

(2) 通过实证研究和文献研究，得出影响慈善组织公信力的主要因素，慈善组织开展信任重建的有效路径与策略，总结出慈善组织重建公信力的主要机制。

1.3 研究思路与方法

1.3.1 研究思路

本研究思路主要分为以下几个部分（详见图 1－1）。首先，阐述当前我国公信力重建的现实背景与价值。总结当前我国慈善事业发展的主要问题，尤其是慈善组织公信力低下，慈善组织公信力重建成为制约慈善事业发展的问题。其次，开展理论研究，对国内外信任修复的相关理论进行综述，阐明组织信任的社会心理框架，慈善组织信任违背后修复信任的可能性，借鉴国外慈善组织信任修复与重建的经验，为慈善组织公信力重建打下理论基础。接着，开展实证研究。通过问卷调查，了解当前我国慈善组织公信力的现状，慈善危机事件后慈善组织公信力的受损与修复，找寻慈善组织公信力重建的可能路径。最后，根据理论和实证研究提出我国慈善组织公信力重建的对策与建议。

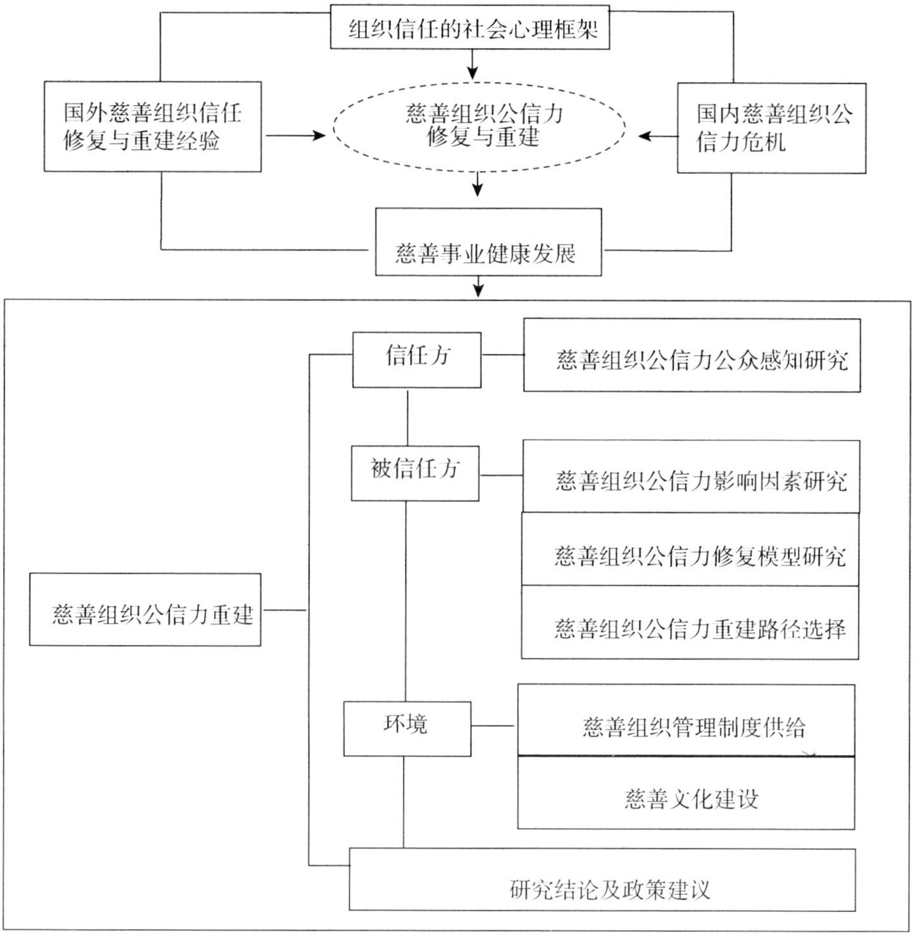

图1-1 研究思路

1.3.2 研究方法

（1）文献法。查阅国内外关于慈善组织公信力的文献，尤其关注国外对慈善组织公信力的前沿研究，梳理影响慈善公信力的主要因素及主要理论，为下一步研究打下基础。

（2）问卷调查法。编制慈善组织公信力感知与影响因素问卷，实施大规模问卷调查与测量，评估目前公众对中国慈善组织的信任度。尤其关注在一些典型的危机事件后，公众对慈善组织在信任态度和行为上的改变。

（3）定量分析与定性分析法。采取定量分析与定性分析相结合的方法，运用 SPSS 软件 Mplus 软件对调查问卷做统计分析，概括和勾勒出当前公众对慈善组织公信力的感知现状及其主要影响因素，公众对慈善组织在危机事件前后信任态度的变化，危机事件后慈善组织信任修复及重建的主要策略，探究慈善组织公信力重建的机制及政策应对。

1.4 研究价值与意义

本研究具有以下理论价值和现实意义。

1.4.1 理论价值

（1）拓宽信任修复理论的实践应用。既有信任修复理论主要聚焦于人际交往领域和商务领域，本研究把信任修复理论应用于慈善组织公信力重建研究之中，检验、修正和发展已有信任修复理论。

（2）丰富慈善组织公信力研究。慈善组织公信力重建的重点在于公众信任的修复，本研究勾勒出了慈善组织公信力重建的最佳的修复策略和多维的修复路径，这在理论层面丰富了慈善组织公信力研究，为我国慈善事业健康发展提供了理论支持和保障。

1.4.2 现实意义

（1）有助于慈善组织公信力建设。公信力是慈善事业发展的灵魂，基于信任修复理论的慈善组织公信力重建研究将会为慈善组织公信力建设提供新的思路。

（2）有助于现代慈善事业的发展。慈善组织的健康发展是现代慈善事业发展的重要组成部分，慈善组织公信力重建研究为慈善组织赢得更多的公众信任，破解慈善信任危机，提升捐赠者信任提供参考。这对促进我国现代慈善事业发展具有重要现实价值。

第 2 章

概念界定与研究综述

2.1 概念界定

2.1.1 慈善组织

慈善组织（Charitable Organization）是指从事慈善活动的非营利组织。美国弗里德曼将组织划分为政府组织与非政府组织，非政府组织又分为营利组织与非营利组织（Non－profit Organization，NPO）。非营利组织分为慈善组织和公共服务组织。慈善组织是面向社会接收各种捐款，并帮助社会弱势群体的非营利性组织。慈善组织具有非营利性、非政府性、民间性、自愿性等特征（陈东利，2012）。有学者认为公益组织就是慈善组织，因此把公益组织也称之为慈善组织（李静，2012）。在本研究中我们认为只要是从事慈善活动的、合法的非营利组织就称之为慈善组织。

2.1.2　信任

信任是社会学、心理学、经济学、政治学等学科普遍关注的课题之一，学术界对信任的研究主要关注信任的概念与分类、功能与特质、发生机制等问题。在社会学领域，卢曼（2006）认为信任是社会的一种简化机制。翟学伟（2014）认为信任的本质是社会成员在面对社会不确定性和复杂性增加时体现出的对自己依赖对象所维持的时空性特征。韦伯（1951）把信任分为普遍信任和特殊信任。什托姆普卡（2005）把信任分为三种：预期信任、反应信任和唤起信任。张建新等（2000）把信任分为殊化信任和泛化信任。翟学伟（2014）则认为信任可分为无约束机制的信任和有约束机制的信任。彭泗清（1999）认为信任建立的机制主要在于关系运作与法律手段。福山（2016）认为信任是一个国家的社会资本，是预测个体合作行为的重要变量。Mayer（1995）等人认为信任是一种行为意向，主要包括信任方对受信任方能力、正直和善心方面的信任。Mayer 的信任界定较具有代表性，许多学者采用该概念来研究各个领域内的信任。该概念的另一个优势在于其把信任细化为三类：能力信任、正直信任和善心信任，使得学者在研究时更易操作。

2.1.3　慈善组织公信力

西方学者对慈善组织公信力的概念界定可以分为两类，即广义和狭义。广义概念是指那些能够影响慈善组织获取资源的利益相关者对慈善组织绩效等方面的评价，利益相关者中既包括直接的利益相关者，也包括间接的利益相关者，如其他组织和个人（Edwards & Hulme，1995）。Paul（2002）更为简洁地指出慈善组织公信力是公众对慈善组织的信任程度，这种信任既包括捐赠者和慈善对象对慈善组织的信任，还包括普通公众对慈善组织的信任。狭义的概念仅仅指直接利益相关者对慈善组织绩效等方面的评价（Ebrahim，2003）。这里可以看出，西方对慈善组织概念的界定主要依据利益相关者理论。

国内学者对慈善组织公信力的界定则以公信力本身的概念为出发点，一种观点是从整体上界定这一概念。如杨思斌和吴春晖（2012）认为慈善组织公信力是指慈善组织和慈善活动在社会系统信任中获得的社会认可和公众信任的程度，它体现的是社会公众在何种程度上对慈善活动持认可、支持和信任态度。这种界定把公信力看作是一个整体，认为公信力是社会认可和公众信任的程度。此外，另一种观点则是从慈善组织和社会公众两个视角来界定。如石国亮（2012）认为慈善组织公信力是社会大众对慈善组织的信任程度，以及在此基础上参与慈善事业的程度，同时也包括慈善组织自身获取社会公众信任的能力，它反映了慈善组织对社会公众的影响力与号召力，及公众对慈善组织的满意度和评价水平。慈善组织公信力是慈善组织行为能力的基础，体现了慈善组织的理念、诚信和具体服务的程度（上海市慈善基金会，2009）。

综合国内外关于慈善组织公信力的概念界定，并结合 Mayer 关于信任概念的界定，本研究认为慈善组织公信力应主要从信任方视角来看，慈善组织公信力指公众对慈善组织的能力、正直和善心方面的信任，这种信任直接影响公众在行为上的参与程度，同时也反映出了公众对慈善组织的满意程度和评价水平。这里，公众既包括直接利益相关者，也包括间接利益相关者，如其他组织或个人。之所以从信任方视角来衡量慈善组织公信力，主要是因为从公众认可的视角可以间接反映出慈善组织获取公众信任的能力，如影响力和号召力。因此，从后续实证研究的可操作性上，本研究仅采用从信任方的视角来界定慈善组织公信力。

2.1.4　信任修复

信任修复是指在违背发生后，旨在使信任方的信任信念和意愿更加积极的活动（Kim et al. 2006）。信任修复还涉及信任行为修复（Schweitzer et al. 2006）与合作、积极情感的修复（Bottom，2002）。有效信任修复关注整个关系的修复，包括信任、消极情感和消极情绪三方面内容（姚琦，乐国安等，2012）。信任修复过程涉及三个主要变量，即归因、社会平衡、结构（Dirks et al. 2009）。信任修复机制主要有：不信任约束机制和信任展示机制、感知到的忏悔和感知到的防范。研究者进一步提出信任修复模型，主要有归因信任修复模型、双向信任修复模型等。信任修复的影响因素主要涉及三方面：（1）被信任方，违背类型、修复努力的程度、违背发生的时间等；（2）信任方，信任方的人格特征、信任方的归因等；（3）修复行为，言语修复、行为修复等。信任修复的主要行为策略有：道歉、否认、沉默、解释、承诺、补偿等。当前国内外信任修复研究尚处于前沿的新领域，存在许多研究空间，如双方互动的信任修复、情感在修复中的作用、组织外部的信任修复等。既有研究对组织内部信任研究较多，而较少关注组织外部信任，对具有公益性质的慈善组织外部信任的研究更少。

2.2 国内外研究综述

2.2.1 慈善组织公信力构成要素、结构与影响因素

（1）慈善组织公信力构成要素、结构

对于慈善组织公信力的构成要素，不同的研究者的看法不尽相同。杨思斌和吴春晖（2012）认为慈善组织的公信力主要包括合法性、运作能力、对慈善使命的恪守程度、诚信度四个因素。合法性是指慈善组织具有社会规范及制度准许、承认的身份，在此基础上形成的被社会成员认可、接受的心理基础，包括制度合法性、行政合法性和社会合法性（王娜，2011）。慈善组织的运作能力主要包括筹款能力、管理能力、策划营销能力、服务能力和宣传能力等。慈善组织与其他社会组织最大的区别在于其天然地具有一种道德色彩，社会公众对其道德要求也更高。慈善使命的恪守度是指慈善组织对奉献社会、服务大众这一慈善使命的恪守程度，较高的恪守程度是慈善组织赢得公众对其信任的基本保障。诚信度是指慈善组织对诚信原则的遵守程度，即以善意的方式行使权利、履行义务和责任、信守诺言和兑现承诺的程度。慈善组织的诚信主要包括对捐赠者诚信、对受捐者诚信和对社会公众诚信。从公信力构成的四个要素来看，合法性是慈善组织存在的法律底线，运作能力是公信力的核心要素，慈善使命的恪守程

度和诚信度则是公信力形成的行为指标。

李静（2012）在考察美国慈善组织公信力时把慈善组织公信力构成要素分为五个：合法性、诚信、使命、效率和效果。并用金字塔结构呈现出这五个要素之间的逻辑关系。合法性是慈善组织公信力的法律底线，也是其运作的基线；诚信是慈善组织的最为基本的道德原则，而使命和效率、效益是社会公众评价组织行为的基线。该观点是从法律基线、道德基线和行为基线三个基线水平来建构慈善组织公信力要素的。

2003 年非营利组织信息咨询中心制定了“中国非营利组织公信力标准”，认为公信力主要包括以下十个要素，因此可以从这十个要素来衡量。它们分别是组织的合法性、组织使命、组织的资源利用和利益冲突、组织的内部治理、组织的协作和伙伴关系以及筹资、项目评估、财务透明、信息公开和道德诚信。

王娜（2011）通过个案研究发现慈善组织公信力主要包括四个要素：公众对慈善组织的了解度、公众的捐赠方式、公众对慈善组织的要求、发现腐败后公众的捐赠行为。

综合学者对慈善组织公信力要素的研究，并结合 Mayer 关于信任概念的界定（Mayer et al. 1995），我们发现诸多慈善组织公信力要素可以归纳为以下三个核心要素：慈善组织能力信任、慈善组织正直信任和慈善组织善心信任。慈善组织能力信任是指公众对慈善组织的运作能力的信任，包括对慈善组织筹款能力、管理能力、策划营销能力、服务能力和宣传能力等方面的信任。慈善组织能力信任对应了已有学者提出的效率和效果要素或运作能力要素。慈善组织正直信任主要包括公众相信慈善组织对捐赠者诚信、对受捐者诚信、对无利益相关者如其他组织或个人的诚信。慈善组织正直信任对应了已有学者提出的诚信要素。慈善组织善心信任是指公众对慈善组织恪守慈善使命的信任。慈善组织善心要素对应了已有学者提出的恪守使命要素。由于慈善组织与其他社会组织最大的区别在于其奉献社会、服务大众的慈善使命，因此，公众对慈善组织的善心信任要求也尤其高。在慈善组织公信力这三个要素中，善心信任是底线，在公信力中起到最为基础的作用。能力信任和正直信任是慈善组织获得公众信任的关键因素，直接影响其号召力和影响力，也直接影响公众对慈善组织的信任和行为上的参与。在本研究中，慈善组织公信力要素中之所以没有包含合法性要素，主要是因为在本研究中对慈善组织的界定已经包含了合法性，因此在慈善组织公信力的要素中就不再涉及。

（2）影响慈善组织公信力的主要因素

已有学者开始研究影响慈善组织公信力的因素，并得出了一些有价值的结论。在慈善组织内部层面，财务制度的透明度是影响慈善组织公信力的重要因素。如吴正锋和许克祥（2014）研究发现财务制度不透明会引发公众慈善捐赠的质疑，会破坏慈善组织的公信力。方均和何雄杰（2013）以广州乐某会为研究个案，同样发现财务透明度低会导致公信力不高。而慈善透明度低，会给捐赠者带来较高的机会主义感知。研究者发现捐赠者对慈善组织的机会主义感知会影响他们的捐赠（Williamson，1993）。研究者还发现慈善效能感对人们的慈善行为有较大影响（高志利，2011）。我国学者石国亮（2014）系统地研究了影响慈善公信力的因素，他发现慈善组织的一些外部因素会直接影响慈善的公信力，如普遍信任、媒体认知、慈善丑闻等是影响慈善公信力的重要因素。纵观已有研究，我们发现慈善认知、普遍信任、媒体认知、机会主义感知、慈善效能感和慈善沟通是影响慈善组织公信力的主要因素。

慈善认知

社会认知理论认为人们的认知会直接影响其行为，研究者将社会认知理论运用到慈善领域，发现人们对慈善的认知也会影响人们的慈善捐赠行为。Cheung 等人的研究发现自我效能、结果效能、道德责任、捐赠需要、对慈善组织的认知、过去的捐赠等因素显著影响捐赠者的捐赠意向（Cheung & Chan，2000）。从 Cheung 等人的研究结果推论，人们之所以会做出捐赠行为，主要因素之一是对慈善组织的认知较好。Sargeant 等人的研究也证实那些对慈善认知较好的人对慈善组织公信力评价较高，说明慈善认知对慈善组织公信力有正向影响（Sargeant & Lee，2002）。然而，石国亮（2004）的研究却发现慈善认知并没有影响慈善公信力。以上研究结果表明关于慈善认知对慈善组织公信力的影响并不一致，需要后续研究者对两者之间的关系进行进一步的研究。

普遍信任

普遍信任是指个体在普遍意义上对他人（如陌生人）的一种相对抽象的态度与行为（Zak & Knack，2001）。韦伯（1995）认为中国人的信任是不建立在信仰共同体的基础之上，而是建立在血缘共同体基础上，即建立在家族亲戚关系或准亲戚关系之上的，是一种难以普遍化的特殊信任。但是随着时代的变迁，中国人的信任结构也正发生着变迁，如张建新和 Michael（1993）研究发现中国人不仅存在较高水平的特殊信任，即对“亲人”的信任程度较高，而且中国人也存在较高的普遍信任，即对“熟人”和“陌生人”的信任水平也较高。他们进一步研究发现特殊信任在所有情境下对信任行为都有直接而显著的影响，而普遍信任仅仅在跟熟人和陌生人交往的情境下才会起作用（张建新，张妙清，梁觉，2000）。李伟民和梁玉成（2002）基于韦伯和福山关于信任的研究，通过实证调查发现中国人最信任家人、亲戚和好友，中国人的信任结构主要分为特殊信任和普遍信任，特殊信任建立在人格信任基础上，普遍信任建立在共同的信念和价值观基础之上。美国学者埃里克·尤斯拉纳（2006）在《信任的道德基础》一书中提出信任可以分为普遍信任和特殊信任，当前学者普遍认同信任的这两种分类。

在发现中国人的普遍信任水平并不低的情况下，我们需要进一步研究普遍信任与哪些因素紧密相关，深入剖析这些因素与普遍信任是单向因果关系，还是互为因果关系，抑或是相关关系。新近的一项研究发现包容性社团组织对普遍信任的形成具有显著正向影响，该研究发现只有在包容性组织中，个体的联通性才对普遍信任产生积极影响（刘长喜，陈心想，2017）。该研究仅从社会参与对普遍信任的影响来进行研究，而没有涉及普遍信任对社会参与的影响。普遍信任作为一种社会资本，对公众的社会参与和公众对组织的公信力具有积极影响。Putnam（2000）发现普遍信任对公众参与度的提高和政府的职能完善具有正向影响。由于普遍信任会影响公众的社会参与，同时作为一种社会资本，它为公众对慈善组织的公信力感知提供了积极的信任背景，因此，可以推论普遍信任会对慈善组织的公信力具有正向的、积极的影响。石国亮的研究发现普遍信任对慈善公信力有显著影响，普遍信任度高的人对慈善组织的公信力评价高。普遍信任和社会网络是社会资本的重要组成，研究表明社会资本能显著影响人们的慈善参与（Brown & James，2007）。通过参与社会网络能增进人们的普遍信任，因此这可能是普遍信任会影响人们对慈善组织公信力的评价的重要原因。

媒体认知

在现代信息化社会中，社会公众每天被各种媒体信息所围绕，媒体的报道信息和议程设置会显著影响社会公众的态度和观念（Mc-Combs，2018）。媒体呈现给个体的大量信息，不断改变和塑造着人们的态度与价值观（Chaffee，& Kanihan，1997）。新近的研究显示传播媒体对个体的态度和行为均有显著影响（王洋等，2015）。新媒体对大众控烟态度具有正面影响（吴散散等，2017）。贺爱忠（2016）等人进一步研究发现媒体的内容营销对消费者的态度具有正面影响。正是发现媒体对组织、机构的公信力有显著影响，一些组织、机构才纷纷开始研究如何在新媒体环境下提升自身公信力。车栋（2019）研究发现基层政府可以通过建立健全舆情应对机制，提高新媒体运用能力，健全网络行为约束机制等来提升政府公信力。在面对舆情危机时，为了维护和提升政府公信力，政府开始注重自身信息能力的建设和与公众沟通机制的建立（王洪彬，2013）。在慈善领域内，大众媒体能影响公众对慈善组织公信力的认知和判断（石国亮，2014）。大众媒体提供给公众关于慈善组织的信息和观点在很大程度上会直接影响慈善组织的公信力。因此，本研究推论媒体认知会影响社会公众对慈善组织的公信力评价。

机会主义

所谓机会主义是指“不道德地追求自我利益，它包括说谎、偷盗和欺骗这些比较明显的形式，还包括复杂的欺诈形式”（Williamson，

1975）。机会主义就是供应商为了满足自身利益最大化而对消费者采取的欺骗行为（范高潮，刘莹，2007）。机会主义反映的是一种利己主义，忽视他人利益，一切行为以自我利益为导向。在 C2C 电子商务环境下，参与者常常表现出机会主义行为（Jarvenpaa et al. 2000），机会主义会对消费者忠诚产生消极影响（Chiou & Shen，2006），机会主义对消费者的信任有消极影响。与此相似，对机会主义的容忍会显著地影响慈善组织的信任关系（MacMillan et al. 2005）。一项对绿色农产品中机会主义与农户网络组织信任的实证研究发现，控制农产品生产中的机会主义，可以有效提升农户对网络组织的信任（王静等，2011）。已有研究表明机会主义是影响捐赠者对社会组织信任的重要因素。那些信任社会组织的捐赠者，往往会相信该社会组织能合理地使用捐赠，这些捐赠者也就有可能支持其他的社会组织（Dwyer et al. 1987）。捐赠者在某种意义上也是消费者，他们在捐赠的同时希望能有机制尽可能降低慈善组织的机会主义（Williamson，1993）。如果消费者感知到服务提供商具有较高的机会主义，那么消费者则需要花费大量的资源来控制机会主义的来源（Wathne & Heide，2000），在电子商务中由于其高风险性和不确定性，消费者更需要降低机会主义成本。

在商务领域的研究表明机会主义风险的存在并非一定导致欺诈和非合作、不信任。第三方的存在和参与、声誉和惩罚机制会有效抑制机会主义行为出现，促进信任生成（刘伟江，张朝辉，2008）。综述已有研究，机会主义对慈善组织公信力有负面影响。

慈善效能感

慈善效能感是指捐赠者做出慈善捐赠行为所带来的自我效能感。

自我效能是社会认知理论最为重要的核心概念（Schwarzer，1992），自我效能感会直接影响个体的行为。已有研究发现，慈善效能感是影响捐赠者对慈善组织信任的重要因素。捐赠者对慈善组织的结果效能或预期会直接影响公众对慈善组织的信任，即慈善组织的公信力（Cheung & Chan，2000）。Cheung 和 Chan（2000）认为慈善效能感对个体的行为有积极促进作用。当捐赠者感知到较高的慈善效能感时，例如在自然灾难发生时，认为通过捐钱、捐物能够有效地帮助灾区的灾民，那么这种效能感就会直接正向影响捐赠者对慈善组织的信任，进而做出捐赠行为。有研究表明具有较高慈善效能感的个体，更倾向于做出志愿行为和慈善行为，这些个体在做出相应行为时，会感受到较高的快乐感和自尊感（高志利，2011）。研究者进一步研究了效能感与框架效应对慈善行为意向或志愿行为意向的影响。发现高效能感的个体，在损失框架下比在获得框架下的慈善行为意向或志愿行为意向更强。而低效能感的个体则相反，在获得框架下比在损失框架下的慈善行为意向或志愿行为意向更强（胡俊，2016）。尽管后两项研究不是直接研究慈善效能感与慈善信任之间的关系，但是慈善行为意向在一定程度上能反映出慈善组织公信力水平。总之，从已有的相关研究可以发现，慈善效能感对慈善组织公信力有显著影响。

慈善沟通

已有商业领域的文献表明，消费者喜欢组织有价值的、及时的沟通，而组织的这种沟通会直接影响捐赠者的信任（Anderson & Narus，1990）。消费者对组织过去的沟通的积极反应可以促使他们对组织产生较高水平的关系承诺，进而影响组织的信任。慈善沟通之所以重要，主要是因为通过慈善组织的沟通，能让捐赠者在认知上认为慈善组织是具有善心的、有能力的和诚信的，那么捐赠者会更愿意信任慈善组织。慈善组织可以通过沟通来影响捐赠者对慈善组织善心、能力和诚信的认知。Sargeant 和 Lee（2002）研究了捐赠者信任的前因变量，发现慈善组织的服务质量会影响慈善组织的公信力。慈善组织的服务质量中关键的组成部分就是慈善组织要满足捐赠者的沟通需求。

有研究发现，沟通是影响机会主义的重要因素，沟通是人们信息的互通有无，通过信息的交流可以赢得了解和信任，进而建立良好的关系（林玉真，2015）。何伟怡和曹雅云（2019）研究发现沟通能调节机会主义与信任之间的关系。由此可以得出，慈善沟通不仅会直接影响捐赠者的信任，同时也是机会主义和捐赠者信任之间的中介变量。

当前我国社会普遍信任水平不高，在社会信任缺失的背景下，有效的沟通，如主动沟通、运用新媒体沟通等方式能帮助组织重建短期信任，而长期的信任重建则需要长期的、系统的沟通机制的建立（曾繁旭等，2015）。王雪芳和张红霞（2017）以乳品行业为研究对象，研究危机下组织的沟通与消费者的信任重建，发现在危机发生时和危机发生后，沟通的侧重点应有所不同。在危机发生时，应采用积极的沟通策略，避免成为“替罪羊”。而在危机发生后，则要通过修复品牌形象，重建公众信任。尽管以上研究是针对商业领域的研究，但是其研究的结果是可以应用到慈善领域的。在慈善领域内，捐赠者可以被看作慈善的消费者。在危机事件后慈善组织的慈善沟通会直接影响公信力的重建。

除了以上几个因素外，本研究还试图探究慈善组织的负面事件对慈善组织公信力的影响。研究表明慈善丑闻会给慈善公信力带来严重的打击，会让社会公众对慈善产生普遍的不信任（胡尹慧，2010）。

然而，也有学者实证研究发现慈善丑闻虽然会冲击人们对慈善事业的态度和看法，如“郭某美事件”后大部分的人没有再给红十字捐过款，可见民众对红十字会的信任度急剧下降。但是，在慈善丑闻发生后，大多数民众对慈善事业的发展仍持有较为理性的、积极的态度，有 78.28% 的民众表示“若红十字会愿做出改变，会抱有信心”（石蒙蒙，2013）。该项研究的解释是，人们参与慈善事业主要受自身慈善道德的影响。以上研究表明，对于慈善丑闻或慈善危机事件，当前学界的研究并未得出一致的结论，因此需要进一步研究。从另一个角度来看慈善危机事件，慈善丑闻或危机事件如果处理得好，会成为慈善改革的新契机。如政府可以加强对慈善机构的监管，慈善组织自身加强透明度建设等会较好地重塑慈善组织的公信力。可以看出已有研究对慈善危机事件对慈善公信力的影响研究结论不一致，其主要原因在于人们对慈善组织的信任修复持有的看法不同。因此，本研究推论，慈善危机事件会对慈善公信力产生消极影响。但是，如果人们对慈善组织的信任修复持有积极态度，则慈善危机事件对慈善公信力的影响会较小。

2.2.2 我国慈善公信力现状

（1）慈善负面事件频发，慈善组织公信力陷入危机

从 2011 年的“郭某美事件”“尚德诈捐门”到近两年的“深圳罗某事件”“一元购画事件”“同一天生日”“99 公益日机器刷单”等，公益慈善负面事件频发，让公众不断质疑慈善组织的公信力，使得我国慈善事业发展陷入公信力危机。公信力是慈善组织的灵魂，是其生

长和发展的生命线，一旦某一慈善组织的公信力受到质疑，会直接影响该组织的声誉、公众对慈善的参与度和善款捐赠。

近年来发生的慈善事件，不仅有线下的、也有线上的，不仅涉及官办慈善组织、也涉及一些基金会和个人，不仅涉及教育、还涉及医疗救助等多个领域。这些慈善负面事件影响范围之广让人警醒。

研究表明慈善负面事件会降低人们对慈善组织的信心，影响其对该慈善组织的评价，进而会影响其慈善参与度（石国亮，2014）。一项针对郭某美事件对中国慈善业影响的调查研究表明，受该类事件的影响，全国以慈善会和基金会为主的非政府组织接收的捐款额从63亿骤然下滑到8.4亿，捐款收入的剧减，反映出慈善负面事件对慈善公信力的影响，对公众慈善捐赠行为的影响（周尚思，2012）。该研究表明某一慈善组织的负面事件的消极影响会产生泛化效应，让潜在的捐赠者对其他慈善组织也连带产生怀疑，这种认知上的怀疑会直接影响公众对整体慈善事业的信心，直接影响其捐赠行为。“郭某美事件”后，新闻周刊进行了一项调查，82%的网友表示不再给红十字会捐款。不仅红十字会，其他官方慈善机构收到的捐款都受到了较大的影响，“官方慈善”的声誉受到了捆绑式影响，整个中国慈善事业均受到影响。

（2）慈善组织公信力不及格，负面评价偏多

一项针对国内外慈善组织的调查表明，公众对国内慈善组织的正面评价仅占50.19%，负面评价占49.81%。在十分等级评分中，公众对国内慈善组织的公信力评分不及格，仅有5.40分，尚未达到6分的及格水平。而且慈善组织的公信力显著低于政府、电视台、教育机构或科研机构等组织机构（石国亮，2015）。另一项针对中国红十字会

与慈善事业的信任度调查报告显示，有 86.48% 的人认为有必要建立完善的披露制度，进行信息公开，增加慈善捐赠的透明度。75.41% 的人认为相关慈善法律和制度不完善，79.92% 的人认为慈善组织内部结构不合理，办事效率低下。这些均表明公众对慈善组织整体上并不满意（石蒙蒙，2013）。

尽管公众对慈善组织的评价不高，但是也应看到多数民众参与慈善事业主要受到自身慈善道德的影响，他们能较为理性地看待慈善负面事件，对慈善事业的发展仍持有较为理性的积极态度（石蒙蒙，2013）。调查发现有 72.86% 的人“将会有选择的信任慈善机构”，12.14% 的人“仍然会信任慈善机构”（周尚思，2012）。慈善负面事件尽管给慈善组织和我国慈善事业带来了危机，但是从长远来看，慈善负面事件的发生暴露了我国慈善组织和慈善事业的不足之处，引发了公众对慈善的关注，加速了慈善组织改革的速度，从这个意义上来看，慈善危机为我国公益慈善事业的发展带来了新的机遇。

（3）慈善相关法律不完善，慈善组织失范行为频发

我国慈善事业长期以来一直缺乏全国立法规范，尽管 2016 年 3 月全国人大通过了《慈善法》，并于当年 9 月 1 日正式实施。此后相关的法律法规也相继出台。但是《慈善法》的落实并没有到位，普及也不理想。如《慈善法》的落地实践中对慈善组织的认定与登记并不太顺利。全国有一半以上的省、自治区和直辖市尚未开展实质性的工作。另外，《慈善法》尚未明确规定个人求助和个人募捐的区别，只是禁止了个人募捐并设置了法律责任（杨团，2017）。正是由于这种规定的不清晰，2016 年底发生的“深圳罗某事件”才引发了社会各界对该事件的讨论，主要探讨个人求助与网络慈善募捐之间的区别。同样，

2017年发生的“一元购画事件”“同一天生日”事件均表明在“互联网+”慈善高速发展的新时代，在法律法规上如何规范慈善组织的行为，如何惩戒慈善组织的失范行为等问题迫切需要解决。因此，我国需要建立以《慈善法》为核心的体系严密的慈善法律体系，只有这样才能为我国现代慈善事业的发展提供法律保障。

(4) 透明度不高，慈善组织自身能力不足

透明度是慈善组织专业能力发展的窗口，是其公信力建设的突破口。慈善组织透明度评估可以从三个维度四个方面来进行。三个维度指完整性、及时性和易得性。四个方面是指基本信息、治理信息、业务信息和财务信息。因此，一个慈善组织透明度高，就会在三个维度和四个方面都有较高的得分，能建立较为完备的慈善信息披露制度。《2014年度中国慈善透明度报告》就是依据这三个维度和四个方面，对我国1000家慈善组织进行了第三方网络监测。该报告指出2014年我国慈善透明度指数为44.10，总分为100分（中民慈善捐助信息中心，2014）。尽管不高，但与上一年相比，提高了2.3%。1000家监测样本透明度指数分析结果显示，透明度指数高于60的组织仅有259家。

2.2.3 慈善组织公信力重建的必然性

(1) 公信力是慈善组织的生命线

慈善组织公信力是慈善组织产生和发展的生命线，慈善组织只有具备较强的公信力，才有可能筹集到慈善捐款，组织才能得以存在和发展，继而才有可能获得公众的认可、支持，赢得公众的积极参加，

最终才能获得社会号召力和影响力。正是因为当前我国慈善组织公信力不高，甚至面临危机，所以，慈善事业发展的首要任务是重建慈善组织公信力。

（2）慈善危机带来公信力重建的机遇

传统慈善存在慈善组织公信力构成要素的断裂、变异与缺乏，慈善组织在市场牵引、媒体介入与公众监督等外力的相互作用下，处于危机状态（候利文，2015）。慈善危机尽管给我国慈善事业的发展带来了一定风险，但同时也带来了慈善变革的机遇。当前我国慈善正面临着建立现代慈善体系的任务。如果慈善组织能借助危机境遇，不断提升自身慈善能力和诚信度，加强信息公开制度建设，提高透明度，慈善组织必会迎来慈善事业发展的新局面，逐步转型为现代慈善组织。

（3）慈善组织公信力建设是现代福利国家的必然选择

现代公益慈善事业是现代福利事业的重要组成部分，具有“第三次社会分配”的重要功能，它在现代社会中地位和价值越来越重要。它是促进社会发展的推动器，是社会价值的凝聚器，同时也是解决某些社会问题的调节器（候利文，2015）。慈善组织作为联系捐赠者和受捐者之间的中介，是实施慈善行为、弘扬慈善观念和文化、帮助解决社会问题的重要平台。而慈善组织的公信力是达成慈善目标、发挥慈善组织自身社会功能的内在保障。因此，现代国家在进行社会建设和改革的过程中都会以加强慈善组织公信力建设为核心来建设公益慈善事业。

2.2.4 慈善组织公信力重建路径

（1）多维路径选择

信任一旦遭到破坏，重建信任将会是有一定困难的任务。相对于慈善组织初始信任的建立，由于信任双方没有交互合作的经验，因此，信任的建立相对较为容易。而一旦慈善组织的信任因为违背行为而遭受破坏，再次建立信任的难度会加大。重建信任一般来讲都会经历不信任——怀疑——信任的过程。一方面公众恢复对慈善组织的信心和考察其行为需要一定的时间和精力，另一方面慈善组织需要在违背行为发生后，不断用诚信行为来重塑其公信力，这就决定了慈善组织公信力的重建必然是一个漫长的过程。尽管重建公信力有一定的难度，但是只要方法得当，路径选择适宜，慈善组织就能够很好地重建公信力。近年来学者们对慈善组织重建公信力的路径进行了积极的探索，可以归纳为三位一体的路径说、四路径说、五路径说。

①三位一体路径说

程玉敏（2012）基于慈善组织建设的视角，通过个案研究发现慈善组织重建公信力的主要路径是自律、互律和他律三位一体的整合路径。自律是慈善组织公信力重建的基础，主要包括慈善组织内部的自律和组织联盟的自律。互律则包括行业认可制、行业赞许制、行业规则。一般来讲，全国公益慈善行业协会或联合会会制定本行业共同遵守的道德准则与行为规范，维护行业秩序，塑造行业形象。张祖平（2013）倡导成立国家慈善委员会，制定慈善行业规范标准，增加慈善公信力。尽管我国尚未成立国家慈善委员会，但是我国已经成立了中国慈善联合会，该联合会对公益慈善行业的互律起到了重要的作用。他律主要包括慈善政策与法律、政府监督、第三方评估、社会监督等。完备的他律体系能为慈善组织提供强有力的社会环境，能从外部激励、促进慈善组织不断规范自身行为，提升慈善能力，提高诚信水平，重塑公信力。

不同于程玉敏的单一视角，石国亮（2015）则是从公众、普遍信任和社会治理三个视角来审视慈善组织公信力重建问题。他认为重建慈善组织公信力可以从慈善认知、社会普遍信任和社会治理三个层面来进行。提升公众的慈善认知可以通过媒体、政府和慈善组织的多方宣传来进行，主要宣传慈善活动、重塑组织形象。社会普遍信任是重建慈善组织公信力的基石，因此，可以通过增进社会普遍信任来重建慈善组织公信力。但同时还需要通过透明机制和监管等方面的制度设计来提升慈善组织公信力。最后，建立不同社会组织共同治理的新模式，慈善组织应在社会治理中担任社会公共精神与公共价值的守护者、倡导者，还应成为社会管理和个人增权的践行者。

此外，孙春霞和沈婕（2014）以社会信任理论为视角，从道德文化建设、法律制度建设、行业系统建设三个方面提出了慈善组织公信力重建的路径。他们认为慈善组织摆脱公信力危机是我国公益慈善事业发展的首要任务。重建公信力首先要在道德文化建设上培养现代社会公民的慈善价值观和价值意识。其次是完善慈善相关的法律法规，使慈善组织在法律许可的范围内行事，如果慈善组织违背了相关法律将接受法律的制裁。最后是在行业系统建设方面，要加强慈善组织内部自治和行业监督。

②四路径说

四路径说的学者认为重建慈善组织公信力的路径主要有四个。一种观点认为“法律—监督—政慈关系—组织建设”四个路径是重建慈善组织公信力的选择（孔云梅，2011）。首先，应尽快健全和完善慈善法律法规体系，以保障我国公益慈善事业健康发展。其次，建立多元化的监督体系。包括行业制度体系、社会监督体系、内部监督机制、信息披露机制和第三方监督机制。第三，明确政府在慈善事业中的角色，正确处理政府与慈善组织之间的关系，推动民间慈善组织的发展。最后，加强慈善组织的人才队伍建设。通过专业化人才的培养和引进，推动公益慈善事业从业人员能力的提升。

另一种观点是从慈善组织视角提出，使命、制度规范、自律、专业化是重建慈善组织公信力的关键。如陈东利（2012）研究发现破解慈善组织公信力困境，最根本的是慈善组织要加强组织自身思想、能力、自律等方面的建设。慈善组织的生命初始动力是其利他性和公益性，因此增强组织的道德使命感是重建公信力的首要选择。其次，提高自律性，需要慈善组织加强内部监督机制建设。而制度规范性建设方面主要是建立公开透明的信息披露制度，让慈善事业拥有玻璃做的口袋，让公众能有效发挥其监督功能。最后是促进组织专业化发展，加强慈善组织文化、培养慈善人才、提高慈善行业待遇等。

③五路径说

五路径说的观点认为重建慈善组织公信力应从五个路径进行，该种学说更为详细地从不同层面勾勒出了重建公信力的道路。如张祖平（2015）认为法律—政府—品牌—能力—捐赠者这五个因素在重建慈善组织公信力过程中最为重要，应从出台慈善法律、成立国家慈善委员会、加强慈善品牌建设、提升慈善组织能力、保护捐赠者权益五个方面重建公信力。第一，应制定完备的慈善法律。法律是维护社会生活普遍信任的最为重要的保障，同时在慈善关系中，会加强公众对慈善组织的信任。第二，成立监督和惩戒慈善组织的国家层面的机构——国家慈善委员会。目的是重塑公益慈善行业秩序，规范组织的公益慈善行为。第三和第四点则是从慈善组织自身层面来看，要加强公益慈善品牌的传播管理和慈善组织工作人员的能力、态度建设。品牌传播管理能提高慈善组织内部的凝聚力和外部的公信力，塑造组织诚信的品牌形象。由于捐赠者和社会公众主要是通过直接接触的慈善组织人员来了解和获得组织的公信力，因此，加强对组织人员服务态度和能力水平的建设，能显著提升公信力。最后，是从捐赠者的视角，提出要保护捐赠者的权益，减少捐赠风险。当捐赠者的合法权益受到损失时，慈善法律、政府、慈善组织能妥善帮助捐赠者止损，惩戒违规行为，维护社会向善的力量。

朱正平（2013）认为应从倡导理性财富观、培育现代慈善意识、加强对慈善组织的监督、政府转变角色促进民间慈善组织发展、完善公益慈善法律法规五个方面进行公信力重建。在倡导理性的财富观方面，倡导“合理合法获取财富，使用财富回报社会，利人利己利社会”的财富观。培育公民的“互助、博爱、共享、进步”的现代公益慈善观念。建立健全由政府、行业、媒体及大众组成的共同监督体系，促进慈善组织提高透明度，提升其公信力。政府在促进公益慈善事业发展的过程中，要由原来的主导者角色转变为支持者、监督者角色，为民间慈善组织快速发展营造更多的空间。最后，应完善公益慈善法律法规，通过加强税收减免制度建设激励更多的慈善行为。

总之，学者基于不同的理论，从不同的视角提出了重建慈善组织公信力的多维路径，尽管观点有许多不同之处，但通过比较不难发现，这些路径具有一些共同的方面。如均涉及慈善组织自身建设、政府与慈善组织的关系建设、公益慈善法律法规建设和多元监督体系与第三方评估建设这四个方面。因此，我们在进行慈善组织公信力建设时，应着重从以上四个方面考量。

（2）透明度建设是慈善组织公信力重建的突破口

在重建慈善组织公信力的众多路径之中，学者已经达成共识，认为透明度建设是慈善组织公信力重建的突破口。

为什么说慈善组织透明度建设是慈善组织公信力重建的突破口呢？这是因为透明度建设主要是通过信息公开来完成，而信息公开具有公信力重建的功能。信息公开在慈善组织公信力建设中具有重要功能。孙发锋（2012）认为信息公开的主要作用体现在两个方面。对于慈善组织来讲，能帮助慈善组织获取捐赠资源、吸引志愿者；还能帮其抵制谣言，实现虚假信息证伪；有助于慈善组织提高资源使用效率；还能帮助慈善组织建构良好的公共关系。第二个方面则体现在公众对慈善组织的监督方面，信息公开是公众监督的前提条件。赵春雷（2015）基于慈善组织公信力的嬗变视角更为详细地分析了信息公开的公信力塑造功能。他发现慈善组织的信息公开具有正面信息传播、虚假信息证伪、公众权益保护与实现、信任关系固化的重要功能。

要实现信息公开的以上功能，重建公信力，需要公开的信息源是慈善组织自身，且信息源状态是良好的。而且公开的信息是真实而全面的，公开的主体服务是热情而周到的。在信息公开的过程中能充分体现公众的权益。孙发锋（2012）认为信息公开透明是慈善组织公信力建设的突破口。推进信息公开、透明可以从明确信息公开的重点、构建信息公开的网络平台、建立慈善信息公开的第三方监督机制、保障公众的信息公开救济权、推进信息公开的制度化法治化建设等方面进行。

《2014年度中国慈善透明报告》显示2014年中国慈善透明指数比上一年提高了2.3%，慈善会、公募基金会和非公募基金会的透明指数稳步提高，但红十字会、民办非企业单位和其他社会团体的透明指数则有所下降。其中，红十字会的透明指数下降了5.46%。在当前大背景下，一些慈善事件如“郭某美事件”“嫣某天使基金被质疑事件”的发生，让网民更加关注慈善组织的透明度，会对慈善组织的公开透明提出更高的要求。在某种程度上这种关注与要求能促使慈善组织加强自身制度建设，增强慈善透明度以提高其公信力。

《2014年度中国慈善透明度报告》还指出了我国慈善组织透明化面临的挑战，并提出了对策和建议，如政府应提高慈善透明的法律层次，对慈善组织的信息披露进行分类管理，加大年检的信息披露力度，鼓励第三方机构的发展。慈善组织应善用多样化的信息披露渠道，凭借服务效益赢得公信力，尤其大型公募基金会应建立常态的信息披露制度等（中民慈善捐助信息中心，2014）。

我们还可以通过借鉴发达国家慈善事业发展的先进经验，来加强慈善组织的透明度建设。美国慈善组织需要向政府和社会公众提供各种财务公开的信息，如需要向国家税务部门提交当年的财报，需要在组织网站上向公众披露自身的各种财务信息，力求做到账目公开，财务透明。不仅如此，除了涉及商业机密、专利等无须公开的信息外，其他信息均需向公众公开，这是对公众知情权的保护。一旦有捐赠者要求查阅有关慈善活动或受助者的信息时，慈善组织基于对捐赠者负责的态度会详细提供相关信息。我国应借鉴国外慈善组织信息公开的经验，加快透明度建设，不断提升慈善组织公信力。

（3）提升诚信度和慈善能力是慈善组织公信力重建的内在动力

慈善组织能力和诚信度的提升是保障慈善组织公信力的内在动力。慈善组织不同于其他社会组织，公众对慈善组织的诚信度要求更高。这是因为慈善组织本身作为善的代言人，是社会公平、正义、公正的体现。公众自然要求慈善组织是诚信的、真诚的。诚信度的提升可以依靠慈善组织自身的自律、道德引领和行业约束来完成。慈善组织可以通过设置内部的监督机构来监督组织的行为是否符合诚信原则，是否遵循了正直、善心的价值观，是否满足了公众的道德期待。另外，慈善组织需要建立完善的道德规范，引导组织从业人员的职业行为，避免违规违法行为。最后，成立慈善行业协会制定慈善行业公认的行业行为准则和道德标准，通过行业协会、慈善组织的相互监督来达到提升慈善组织诚信度的目的。

慈善能力是慈善组织生存和发展的重要基础，慈善能力包括组织的动员能力、组织的治理能力、组织的服务能力、组织人才的专业能力等。慈善组织的动员能力主要表现为组织动员社会资源的能力，它是一个慈善组织所拥有的社会资本的体现。强大的社会动员能力能使慈善组织在较短的时间内筹集到大量善款，筹集到大量慈善资源，为慈善项目或慈善活动的完成提供物质和人力支持。慈善组织的治理能力是慈善组织自我管理和协调社会事务的体现。当慈善危机事件发生时，慈善组织还要具备应急能力，能较好地处理危机事件，化危机为机遇。通过加强自身建设，来重建公众的信任。慈善组织的服务能力也是慈善能力的重要组成部分。慈善组织的服务既涉及捐赠者、受助者，还涉及公众。不论对捐助者还是受助者来说，慈善组织都应秉承利他主义原则，尊重捐赠者的知情权，同时也要保护好受助者的个人隐私。对于社会公众，慈善组织主要需要做好信息公开透明，维护公众的利益。最后，慈善组织人才专业能力是慈善组织能力的重要体现。慈善组织可以通过招聘优秀的慈善专业人才来提升自身的专业能力，还可以通过员工的继续教育来提升从业人员的专业技能。

（4）第三方评估和监督机制是慈善组织公信力重建的外在动力

第三方评估和监督机制所构成的他律机制是慈善组织公信力重建的外在动力。慈善组织的健康发展，除了要具备内在动力外，外在动力也十分重要。外在动力的存在让慈善组织能具备危机意识和竞争意识，明确如果不维护和建设好自身的公信力就有可能退出慈善市场，这种生存危机意识的存在会促使慈善组织注重自身公信力的建设。独立的第三方评估在慈善组织公信力重建中具有评价、引导、激励和预防等作用（孙发锋，2014）。独立的第三方评估不同于专业会计机构的评估，它是一种综合的社会经济成效评估，采用的是系统综合的方法进行评估。我国慈善事业要健康发展，需要大力培育第三方评估机构。在培育第三方评估机构时，要维护第三方机构的独立性，这样才能保障评估结果的公正性和权威性。要避免利益相关者加入第三方评估机构，评估机构的经费也要尽量做到独立。

政府的监督管理和社会公众的监督也是重要的外在动力组成。由于我国慈善组织对政府依赖性强，官办色彩浓厚，政府常常参与慈善组织的直接管理，导致慈善组织独立性弱，不利于慈善组织的正常发展。在慈善组织重建公信力的过程中，应去行政化，弱化政府对慈善组织运行与管理的直接参与，而政府则应从慈善组织中抽离出来，行使其监督管理的功能。政府在慈善事业中应该扮演倡导者、合作者、管理监督者、法律保护者，而非组织者、运营者、赞助者的角色（刘亚娜，2008）。政府可以从以下几个方面加强对慈善组织的监督管理：①降低慈善组织注册门槛，实行直接登记和统一管理；②通过立法强制慈善组织公开信息，提升慈善透明度；③消除官办慈善组织的行政化和特权优惠的待遇；④强化监督问责制度，建构外部监督管理体系；⑤促进慈善组织的能力提升与绩效提升。

社会监督体系也是慈善组织公信力重建的重要外在动力。可以通过现代慈善文化的培育，塑造公众的现代慈善价值观，引导公众参与慈善，借助电视、广播、互联网平台宣传现代慈善理念，通过慈善节日或奖项吸引公众关注慈善，监督慈善组织的正常运行。媒体可以通过必要的慈善事件曝光，让慈善组织的运行暴露在社会公众的视线之中，使其接受社会公众的监督。

2.2.5 国外慈善组织公信力建设研究

国外慈善组织公信力建设有许多先进的经验可以为我们提供借鉴和参考。已有研究表明慈善组织公信力越高，公众对慈善组织的越信任，这就意味着这时公众更愿意成为捐赠者，并且会捐赠出更大的金额（Sargeant，1999）。正基于信任的重要性，英国慈善事务委员会认为“信任是一种手段，可以促使人们更多地参与捐赠和送出更大的捐赠礼物”（Charity Commission，2002）。可见慈善组织公信力对慈善组织的生存与发展至关重要。当慈善组织公信力因慈善危机事件受损时，如何重建公信力也引发了国外学者的相关重视，学者们进行了相关研究，给出了有价值的建议与对策。

（1）透明度建设是慈善组织重建信任的重要方案

国外学者普遍认为提升慈善组织的透明度是减少慈善组织信任违背行为的一种解决方案，透明度建设有助于恢复慈善组织的信任并减少声誉风险或损害。透明度可以分为两类：①组织在透明度方面的声誉；②透明沟通的努力。研究者通过实验研究考察了危机情况下两种信任透明度与利益相关者的行为意图之间的关系。结果发现，具有两种透明度的组织比没有表现出两种透明度的组织获得的信任和积极的行为意图的水平要高出两倍以上（Auger，2014）。因此，可以说透明度对于慈善组织公信力重建具有重要的价值。

在重建慈善组织公信力的过程中，如何提升慈善组织的透明度，不同的学者给出了不同的答案。①可以从透明性的感知分析和话语分析视角来研究透明度问题。如 Albu 和 Wehmeier（2014）以英国北岩银行（Northern Rock）为例，说明了银行如何在关键时刻提升透明度，如何让利益相关者在感知和话语层面体验到银行的透明度。②慈善需要组织使用高质量的审计师。审计质量会影响捐赠者的决定（Kitching，2009），会影响捐赠者对慈善组织的信任水平。捐赠者对由高质量审计师核实的报告会计信息的变化更为敏感。慈善组织的声誉和审计师的选择是慈善组织向捐赠者传达财务信息可信度的替代机制。③多使用社交媒体网站与公众沟通交流，以此来提升透明度。在国外，很多慈善组织活跃在 Twitter 和 Facebook 上，它们的透明度有所不同。研究者发现那些发布更多信息的组织拥有更多的“赞”，更多的关注者和更多的总体推文，并且可以仅凭活动便被认为更加透明和可信

（Fussell Sisco & McCorkindale，2013）。因此，慈善组织需要更多地使用社交媒体网站与公众进行交流，定期进行沟通对话。④以加强问责机制建设来提升透明度。Rawlins（2008）的研究发现透明度问责制是透明度工作的重要内容之一。Gibelman 等人在对非政府组织“丑闻”的媒体报道进行内容分析的基础上，发现丑闻对公众的信任有较大影响，而重建信任的选择方案就是需要加强问责机制（Gibelman & Gelman，2004）。Eisenberg（2000）认为“公众有权了解慈善行为并要求高度负责”。正如澳大利亚红十字会秘书长 Martine Letts 指出：“您收到公众的捐款，不仅要公开、透明，而且要负责。”（Gooch，2003）。⑤加强慈善组织负责人的透明度建设。在日本，慈善组织为了获得社会公众的信任，不仅需要财务公开，组织负责人也需要“全透明”。慈善组织负责人的生活必须完全透明化，每日的行程都要在网络上公布，以此来推动慈善组织的透明度建设。

（2）重视与社会公众的沟通

已有研究表明慈善组织募捐人可以通过与捐赠者的沟通来管理信任，促进信任的发展。如果在沟通后，慈善组织被公众认为是仁慈的，并且组织被认为具有有效执行任务所必需的技能，能力和知识的程度均被证明，那么慈善组织的公信力就建立起来了（Kennedy et al. 2001）。捐赠者喜欢组织进行有意义的、及时的沟通，这些沟通表明了沟通者可信任的程度（Moorman et al. 1993）。

以英国为例，英国在发展网络慈善的过程中，网络平台、网站会记录下所有募捐者的个人信息，包括银行信息和居住地。与此同时，捐赠者也会收到捐款回执，上面列明了慈善机构的信息，以及捐赠额和捐赠时间。慈善组织通过捐款回执等方式与捐赠者进行紧密的沟通。

Snip（2011）研究荷兰慈善组织发现，为了维持或增加人们继续向慈善组织捐款的意图，慈善组织应注意与捐赠者的沟通，以表明他们是值得信赖的，并且没有机会主义行为。此外，慈善组织在开展沟通工作时需要有针对性地细分目标群体，可以研究与组织事业有亲和力的人们的特征，以便能够专注于正确的目标群体并能够与他们充分沟通。例如 Brunel 和 Nelson（2000）研究发现男性与女性对慈善沟通的反应不同。Laufer 等人（2010）实证研究发现美国和墨西哥的捐赠者都在回应慈善沟通时出现性别差异。与男性相比，女性看到慈善广告时捐赠的可能性要大得多。因此，慈善组织在开展慈善沟通时，应开发针对性的独立广告，让男性和女性捐赠者最大程度地发挥其作用。

此外，慈善组织在沟通中还应注意沟通方式与文化背景对慈善公信力的影响。Laufer（2010）等人研究了慈善组织沟通成功（突出个人成就或集体成就）的不同方式是如何影响潜在的未来捐助者的，并研究了传播策略的有效性是否取决于文化背景。研究结果表明，与公众交流的有效性取决于与文化背景有关的信息。当信息与个人主义—集体主义的文化层面相吻合时，公众更有可能考虑为慈善组织进行捐赠，公众认为慈善组织具有更高的公信力。

由于慈善组织公信力是解释个人向慈善组织捐款意图的重要因素之一。因此，对于慈善组织而言，要关注个人对组织的信任。慈善组织的诚信度是影响个人信任的重要因素，因此，慈善组织在其行为和沟通中应注意这个因素。

（3）通过严格的监管来促进慈善组织公信力建设

以美国为例，美国对慈善组织采取“自由注册、严格监管”的政策，主要通过税法、公司法等在税收、监管等方面做出了详细的法律规定。监管的目的是规范慈善组织的运作，确保慈善组织真正实现慈善目的。慈善组织每年均需向国税局上报年度财务报表。慈善组织不仅向上接受国税局的监督，而且向下还需接受社会公众的监督。在美国每个人均有权利申请查看慈善组织的原始申请文件、前3年的财务报表等相关材料，慈善组织必须及时向申请者提供相关材料。严格的监管制度为慈善组织公信力建设提供了外部保障。

在英国，所有的慈善机构均受到全国慈善委员会的监督和管理。每个慈善机构都有一个慈善编号，它们做慈善的内容和每年的筹款用款情况都很透明，均可以在网上查到。如果慈善组织做得不好或违法乱纪将被列入黑名单。

在德国，每年都会发生上百起慈善诈骗案。为了重建慈善组织公信力，德国慈善管理机构发起了“找回慈善信任”运动。德国捐赠理事会要求其管辖下的协会及基金会会员对外公布获得的捐款和去向，捐款者还可以方便地跟踪其捐款的最终去向和效果。为规范慈善组织的运作，德国还设有社会福利问题中央研究所和天主教联盟两家独立机构，负责监督善款使用情况。两家机构拥有一套完善的“公信力评审”系统，通过该系统评审的慈善组织就会被授予“捐助徽章”，徽章使用期限仅为一年（纪双城等，2016）。通过这种严格而独立的监管方式，德国的慈善组织公信力得以重建。

在加拿大，税务总局里的慈善管理局负责全国慈善组织的注册与监管，其具体职能是：确定一个组织是否是慈善组织、对慈善组织进行审计、检查慈善组织责任与义务履行的情况、向社会公开捐赠信息的情况等（王一，2016）。

（4）注重慈善组织能力建设

慈善组织内部能力建设是重建慈善组织公信力的重要内容。慈善组织能力包括筹款能力、品牌建设能力、从业人员素质、善款使用效率等诸多方面。

为了提升慈善组织公信力，国外许多国家都十分注重慈善组织能力建设。加拿大专门成立了“志愿部门的公信力和治理小组”，发布了《能力建设：完善加拿大志愿部门的治理和公信力》报告。在报告中指出，为了提升公信力和治理能力，志愿组织的理事会需要遵循善治行为准则，承担以下责任：了解应负责任，确保透明度，与组织成员，利益相关者和公众沟通，建立合适的组织结构，拥有一个高效的管理团队，评估和管理制度建设等。慈善组织还应将自律与他律结合起来，改善组织财务管理法规（徐麟，2005）。

美国的非营利组织中有 2/3 从事公益慈善事业，其从业人员约有 1300 万。美国慈善组织拥有专业的从业人员和高素质的志愿者队伍。慈善组织的从业人员已经形成了市场化的管理，而且薪酬较高。慈善组织从业人员有专门的职业能力提升的路径。此外，美国的志愿者受教育水平较高，有近半数的志愿者具有本科学历。正是拥有高素质的专业从业人员，决定了美国慈善组织专业化程度高，组织的资金使用效率高，每年慈善总支出占总收入的 90% 左右。以上几个方面保证了美国慈善组织的高效运行，能为社会公众提供高质量的服务，慈善组织的公信力显著提升。

那么如何提升慈善组织的能力呢？政府可以为慈善组织提供能力建设服务。如美国联邦政府支持的最大的慈善组织能力建设项目之一 CCF（The Compassion Capital Fund Demonstration Program）可以为慈善组织提供五个层面的能力建构训练：组织发展、项目发展、收入发展、领导发展和社群参与（Minzner et al. 2014）。组织发展包括理事会治理、运用人力资源和信息技术等系统、使用具体的政策和流程等。项目发展包括加强服务质量、项目监控、评估项目等。收入发展包括多样化筹资来源、财务可持续发展、捐赠者发展等。领导发展包括领导的专业化发展、从业人员的专业化发展、志愿者的开发与使用等。社群参与包括社群参与水平、社群需求评估的运用、社群资产盘点等。

总之，国外慈善组织公信力建设主要从注重透明度建设、重视与社会公众的沟通、加强对慈善组织的监管、注重慈善组织能力建设等方面开展。国外慈善组织公信力建设为我国慈善组织公信力的重建提供了宝贵的经验和有价值的参考。

2.2.6 信任修复相关研究

（1）不同修复策略的修复效果

信任修复策略是一直以来信任修复研究的重点，一般来说，信任修复主要是由受信方采用一定的修复策略来进行的。既有研究中已知有效的信任修复策略可以分为两类：言语修复策略和非言语修复策略。言语修复策略包括道歉、否认、沉默、解释、承诺等。非言语修复策略包括自愿抵押担保、补偿、自我惩罚等。

在信任违背后，受信方做何种反应更好？道歉、否认、承诺、解释，何种策略更利于修复信任？是单一策略修复效果好，还是复合策略修复效果更好呢？早期修复策略研究主要聚焦于比较不同策略的修复效果，对于以上问题都给予了回答。在言语修复策略中，道歉、否认和承诺的研究成果较为丰富。道歉是指受信方声明意识到信任违背的自身责任并表示懊悔。否认是指受信方声明毫无证据的指控是不真实的，即告诉信任方自己是没有责任的，因此不会表达歉意（Kim et al. 2004）。承诺则是指受信方对将来行为的一种许诺。道歉是受信方对自己过失的承认，这种承认会降低信任方的信任，道歉信息会让信任方重新评价受信方能力，并诊断受信方在将来的交往中再次出现违背的可能性。尽管如此，但道歉是表达歉意的信号，表达在将来的交往中避免类似违背的意向，这种表达会提升信任方的信任。总之，道歉对信任的积极影响大于消极影响。实验研究发现道歉比不道歉更能让信任方体验到积极的情绪，更有可能抑制所受到的伤害（Ohbuchi et al. 1989）。社会两难情境实验证明，至少在短期人际互动中，在重建合作方面，道歉比否认策略更有效（Bottom et al. 2002）。道歉和承诺被看作是受信方改变行为所释放的积极信号，在信任修复中可以增加受信方的可信度，但道歉加上承诺并没有比单一方式更有效（Schweitzer et al. 2006）。Bottom（2002）发现口头解释对信任和合作的修复有积极作用，提供行为修复策略（如实质性的惩罚）比单纯的言语修复策略（如道歉）更有效。在非言语修复策略方面，Nakayachi 和 Watabe（2005）的实验证明受信方自愿抵押比强制抵押更能显示修复动机，降低机会主义感知，提高信任方对受信方的可信度感知。

（2）修复策略与相关因素的交互影响

此外，研究者还研究了沉默策略对于信任修复的影响。Ferrin（2007）等人通过实证研究证明沉默策略在信任修复中并非理想的策略，因为该策略仅包含了极少的道歉和否认策略的有效成分。对于正直违背来说，沉默与道歉一样，是对错误的一种承认，它没有否认策略修复效果好。对于能力型违背，沉默与否认一样，并没有向信任方展示赎罪的信号，它没有道歉的修复效果好。

新近的信任修复策略研究更为关注不同的修复策略与相关因素交互对信任修复效果的影响。Kim 等人（2004）研究了不同违背类型下，修复策略的修复效果受个体认知归因的影响。对于那些赋予能力积极信息更多权重的个体，在能力型信任违背下，道歉比否认更有效。在正直型信任违背下，仅仅道歉会被认为缺乏诚意。对于赋予正直消极信息更大权重的个体，否认比道歉更有效。因为道歉就是承认错误，而这种错误会被认为是受信方缺乏正直造成的。对于不同类型的信任违背，沉默策略的信任修复作用处于中间状态。此外，修复策略与违背类型交互共同影响修复效果。吴娅雄和贾志永（2012）总结了已有研究中违背类型与修复策略的相关研究，见表 2－1。

表 2－1　不同违背类型、信任修复研究

研究者	违背类型划分	研究方法	研究内容
Lewicki 等（1996）	计算型违背 了解型违背 认同型违背	理论分析	不同发展水平的信任修复特点及其难易程度
Kim 等（2004）	能力违背 正直违背	实验研究	道歉与否认在不同违背类型中修复效果的差异
Kim 等（2006）	能力违背 正直违背	实验研究	内外归因道歉、否认在不同违背类型上的差异
Ferrin 等（2007）	能力违背 正直违背	实验研究	道歉、否认、沉默三种策略在不同违背类型下修复效果的差异

续表

研究者	违背类型划分	研究方法	研究内容
Lount 等（2008）	初始违背 早期违背 后期违背	实验研究	违背时间点不同对信任修复效果的影响
Tomlinson 等（2009）	能力违背 善心违背 正直违背	理论分析	不同违背类型下修复方式与修复策略对修复效果的影响

资料来源：吴娅雄，贾志永．信任修复理论前沿探析，科技管理研究，2012（5）：211－214.

（3）时间因素对信任修复的影响

时间在信任建立、发展和破坏过程中是一个重要的变量，信任违背发生在信任的不同时间点上，对信任的破坏效应是否会有影响？已有研究在这方面并未取得一致的结论。

一种观点认为早期违背比晚期违背破坏小。Bottom（2002）等人研究表明早期的破坏比晚期的破坏对信任的损害性更小。早期的破坏会带来冷静的、认知的、经济导向的反应（economically oriented reactions），但晚期的破坏则会带来惊奇、情感、信任导向的反应（trust－oreinted reactions），如更多的消极情感和人际影响。对这一现象可以用对比理论（contrast theories）来解释。对比理论认为即时或早期的破坏会使得随后的交互交往更积极，因为当前的经验产生的预期提示人们在将来的人际互动中任何变化或对比都是值得注意的。这样，那些先前给予员工较低评价的管理者在后面对员工给予了更好的评价（Sumer & Knight，1996）。

另一种观点则认为早期违背比晚期违背对信任的破坏更大。如果人们在人际交往中使用快速信任，早期的违背会比晚期的违背对信任的破坏更大。从信息加工角度来看，人们会对早期的信息赋予更高权重。早期的违背会产生严重性的影响，更难克服（Lewicki & Bunker, 1996）。另外，从印象管理角度来看，首因印象在早期信任违背中起到了很重要的制约作用。最初的信息会给人十分强烈的印象，这会阻止后续的矛盾信息。而且在首因印象中消极印象比积极印象的影响更大。Lount（2008）等人使用囚徒困境实验范式，检验了时间对信任破坏的影响。发现早期的信任违背比后期的违背对信任的损害更大。

关于违背发生的时间点对信任的影响，既有研究结论存在争议。在研究中可以看到信任方的内隐认知可能是其中一个重要的影响变量。因为那些具有他人是可信的内隐认知的个体可能在交往之初，信任就相当高。Kim 等人（2004）发现，甚至在没有先前的人际互动对比的情况下，人们仍产生大量对陌生人的信任行为。这说明个体的内隐认知影响其对陌生人的信任。Berg 等（1995）研究发现人们会重复做出对匿名的陌生对手的信任行为，甚至在交互行为一开始，他们就会给对方积极的行为预期。从这个意义上说，信任常常依赖于内隐人际认知，做出信任预期。

（4）信任修复的理论模型

①动态双边模型

Kim 等人（2009）克服了已有信任修复研究中，过于关注受信方，忽视信任方的研究倾向，从信任双方视角，建构了信任修复的动态双边模型。认为信任修复是信任方与受信方共同努力的结果。在信任修复过程中有三个因素十分重要：一是信任方努力为受信方是不可信的观念辩护，二是受信方努力提升信任方再次赋予信任的信念，三是这两种努力的相对强度结果决定了信任能否被修复。信任修复过程中，双方努力的博弈结果有四种：成功修复、对峙、证实不可信、规避修复。

此外，该模型还是一个多层次的模型，在信任修复过程中，受信方可以通过多层级的信任修复来提升自己的可信度，使修复行为的努力程度大于信任方的抵制程度，最终成功修复信任（如图 2 - 1 所示）。首先，在第一层级中，信任受损初期，受信方首先要努力证明自己是无辜的，必须要用证据来证实自己的无过错，受信方的这种努力可以影响甚至改变信任方的违背归因。而信任方在第一层级中则倾向于认为受信方是有过失的、抵制受信方的修复。如果这一时期，受信方的努力大于信任方的抵制，则信任会很快得到修复。但值得注意的是，如果受信方的确存在信任违背行为，但却否认自己的责任，一旦证实信任方关于受信方的认识是正确的，那么信任将会受到更为严重的损害，信任将难以修复。第二层级是在受信方不能否认过错的情况下，受信方可以选择内归因（违背责任归因于自身）或外归因（违背责任在于环境因素）。当受信方把责任完全或部分的归因于外部因素时，那么违背行为对双方信任不会造成很大影响。第三层级是在违背行为的确是由于受信方自身原因造成的，那么受信方可以选择把责任归因于不稳定因素，并可以通过承诺告诉信任方将来不会再发生违背行为。由于违背行为是由不稳定的内部因素造成的，可以在一定程度上修复信任方的信任。

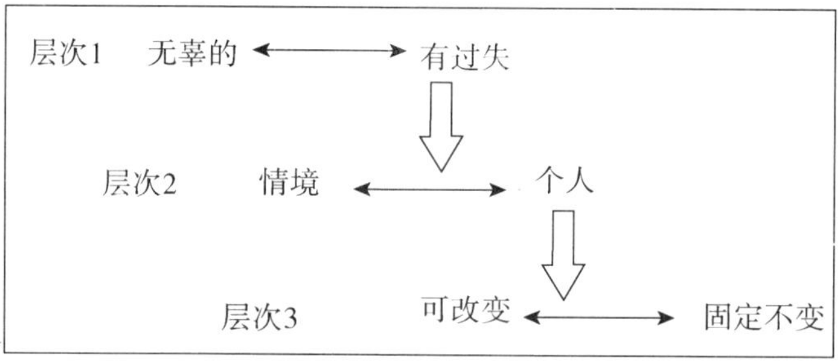

图 2－1 动态双边信任修复模型（Kim et al.，2009）

②信任修复四阶段模型

Gillespie 和 Dietz（2009）从信任修复时间视角，提出了信任修复四阶段模型。认为信任修复主要经历四个阶段：即时回应、判断原因、实施干预、评估反馈。违背事件发生后，受信方应在行为上立即给予信任方回应，接着需要告知信任方违背事件的原因。在双方明了原因的基础上，信任方采取各种修复策略对信任进行修复，修复的效果取决于信任方的信任评价反馈。信任修复的关键在于控制信任方的不信任感、证实可信性。控制不信任感能增强信任方对受信方有能力防范类似违背行为再次发生的预期。而证实可信性主要是通过各种修复策略来证实自身的能力、仁慈和正直，提升因违背行为而降低的可信度。两种机制既相互区别又相互联系、互补。

③信任修复平衡理论模型

信任修复不仅需要修复信任方的认知、感情，还需要修复双方受损的人际关系。双边动态模型和四阶段模型仅仅关注修复的过程，忽视了人际关系的修复。而平衡理论则主要关注人际关系在信任修复过程中的价值。

该理论主要是基于 Heider 的平衡理论，把平衡理论拓展到了信任修复情境之中。Brodt 和 Neville（2013）提出了群体信任修复平衡理论。在这一理论中，首先描述了个体信任修复。在信任关系中，信任方、受信方、行为事件三者构成了环状的三角形的封闭系统见图 2-2。系统中每两个因素之间均有正或负的关系，这种关系的正负属性依赖于个体的主观判断。当受信方的行为表现出其可信度可预测时，这个系统中关系是平衡的。当受信方做出违背行为，在这个系统中就会产生紧张。如果信任方保持对受信方的信任，就认为受信方会为其违背行为负责，并感受到了信任违背的情感伤害，这种三角关系是不平衡的。这种信任的不平衡关系可以通过改变三角中的任何两个因素间的关系得到解决。如果信任方减少他们对受信方的信任，这种平衡就会得以实现。平衡的获得还可以通过其他两个方法：低估伤害、消除双方消极的情感联系。或者信任方可以通过宽恕归因，把违背行为看作是不可控或无意的（Tomlinson & Mayer，2009）。该理论从人际关系建构和发展的视角对个体间的信任修复进行了描述，为信任修复实证研究提供了理论依据。

Brodt 和 Ling（2013）认为在群体中信任三方如果任何一方出现信任违背，不仅影响信任各方，还会对群体中成员造成影响。违背行为的出现，会在三角系统内产生紧张，产生系统内的不平衡，这种不平衡状态是令人厌恶的、不稳定的，群体成员就会寻求平衡。

每个人在人际交往中都有寻求平衡的内驱力，而且这种内驱力是内隐的，它不仅决定行为决策，而且决定社会信息的初始编码。不平衡的系统需要认知努力和社会目标间的细微区分，平衡系统在记忆中十分容易存储和回忆（Crandall et al. 2007）。在人际交往中，个体倾向于寻求更容易编码、更容易回忆的态度结构，个体希望获得他人分享态度的有效性，并回避冲突，寻求信任决策中的平衡。该理论假设个体均倾向于喜欢平衡的信任结构，而不喜欢不平衡的信任结构。Lewicki 等（1998）推理认为当个体保持不平衡的信任关系时，可以采用"信任，但需要证实"的方法，不断地修改信任信念使之更为准确。这些都是要花费认知努力的，会带来人际交往困境。

信任违背出现后，一般都会随之出现信任修复行为。信任修复不是全或无的事件（an all - or - nothing event），而是在不修复（信任行为和态度保持在信任违背后的水平或更糟糕）到完全修复（信任回归至初始状态，恢复到信任违背之前的水平）之间的一个连续区间内变化的。其中，由信任方设置的重建信任的抵抗阈值（threshold）可以十分显著地变化，即从倾向于修复信任到坚定的拒绝任何信任修复的努力（Kim et al.，2009）。

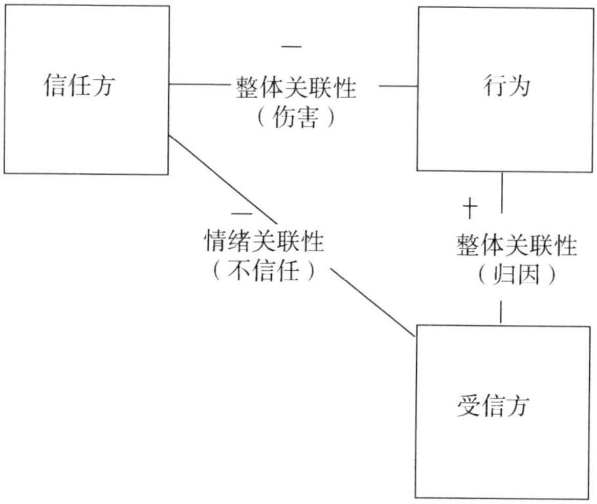

图 2－2 二元结构中的信任破坏（Brodt & Neville，2013）

在人际交往中，受信方做出信任违背后，信任方会产生受伤害感，因此两者的关系就会产生紧张。这种紧张会让信任方寻求信息和自圆其说（sense-making），信任方会寻求减少系统（信任方—被信任方—违背）中的紧张。当信任方在思考为什么要信任对方时，这种信息寻求的加工过程是需要认知努力的，是外显的。当信任方只是观察他人对受信方的态度和行为，这种过程是内隐的。

在人际交往系统中，积极的信任与受信方相联系，消极的情感与信任违背行为相联系，整体关联性与受信方和违背行为相联系。在违背行为发生后，如何解决系统中的紧张呢？可以通过解释和归因：信任方可以选择解释违背行为是无意的或不能控制的因素引发的（Tomlinson & Mayer，2009）。

④中介机制理论

目前信任修复研究侧重于修复策略，而缺乏对信任修复内在机制的探讨。那么，修复策略到底是如何修复信任的，其中的心理机制到底怎样，对此我们知之甚少。当前关于信任修复中介机制理论的研究主要有 Gillespie 和 Dietz（2009）的双重机制理论（2009）、Dirks（2011）等提出的两种信任修复机制理论。Gillespie 和 Dietz（2009）从修复策略的类型学视角出发，提出的信任修复中介机制为双重机制——不信任约束机制和信任的展示机制。不信任约束机制的目的是增强信任方对受信方有能力防范违背事件再次发生的信心，强调控制与防范来达到信任修复。而信任展示机制则强调通过积极展示的方式来获得信任，通过修复策略向信任方证实受信方的能力、善心和正直，表明受信方是值得信任的。Dirks 等人（2011）认为信任修复机制为忏悔感知与防范感知。他们认为信任修复后受信方的主要反应为忏悔和防范，而实际上这两种修复并非直接产生修复效果，而是通过信任方在认知上获得的忏悔感知与防范感知来取得修复效果。忏悔感知强调受信方个体内在的改变，它能向信任方传递信任违背的可能原因以及对信任违背的懊恼、内疚等情绪，不足之处在于忏悔并不能向信任方表明将来是否能防范类似行为的再次发生。而防范感知则能让信任方感受到受信方对未来违背事件再次发生的预防，感受到受信方所具有的防范能力，但是信任方并不清楚受信方对违背行为是否有所忏悔。

已有的关于信任修复机制的研究多是基于理论分析与讨论，而实证研究较少。信任修复在不同的研究领域，尤其在社会公众关注的领域如公益慈善领域，其信任修复与重建的机制到底是怎样的，是哪些因素影响信任修复的效果，本研究将从实证的角度展开，并通过实证数据来验证假设，进一步修正已有信任修复的理论，这是本研究的理论价值所在。

2.3 研究述评

已有关于慈善组织公信力的研究为本研究打下了基础，纵观已有研究不难发现，关于慈善组织公信力的研究多以质性研究为主。思辨性的研究多，而量化研究少，实证性的研究少。相关研究为本研究提供了前期的理论基础，本研究在已有研究的基础上，使用问卷调查方法，提出相关研究假设，探析影响慈善组织公信力的主要影响因素有哪些，这些因素是如何影响慈善组织公信力的，慈善危机事件对慈善组织公信力的影响，慈善组织公信力重建可以选择的路径有哪些等问题。此外，极少有学者从信任修复理论视角研究慈善组织公信力重建问题，慈善组织公信力是公众对慈善组织的信任，当发生慈善危机事件后，慈善组织到底基于什么理论来展开修复才能取得良好的修复效果，是值得探讨的问题。而信任修复理论十分契合慈善组织公信力重建，信任修复是在信任违背后，受信方对信任方展开的修复行为，可以说是慈善组织公信力重建的起点。本研究把信任修复理论运用于慈善领域，能进一步检验和修正已有信任修复理论。

第 3 章

慈善组织公信力现状与影响因素研究

3.1 研究对象

本研究在正式施测前，进行了预测。在预测中样本人数为 118 人，男性 56 人，女性 62 人。本研究正式施测中样本的总体情况如表 3 - 1 所示，由于有捐款经历的人数有 608 人，无捐款经历的人数有 79 人，而本研究的主要调查内容均与捐款经历有关，因此删除了无捐款经历的样本，保留有效样本 608 人。其中男性 186 人，占比 30.59%。女性 422 人，占比 69.41%。有宗教信仰的 48 人，占比 7.89%。无宗教信仰的 560 人，占比 92.11%。汉族 584 人，占比 96.05%。其他民族 24 人，占比 3.95%。年龄分布主要集中于 18—22 岁，共有 484 人，占比 79.60%。小于 17 岁的 23 人，占比 3.78%。23—30 岁的 84 人，占比 13.82。31—40 岁的 9 人，占比 1.84%。41 岁以上的 8 人，占比 1.32%。样本中学生有 548 人，占比 90.13%。从业人员 60 人，占比 9.87%。已婚 43 人，占比 7.07%。未婚 565 人，占比 92.93%。专科以下学历30人，占比4.93%。专科以上学历568人，占比95.07%。

表3-1　正式施测样本总体情况

性别	频数	频率（%）
男	186	30.59
女	422	69.41
总体	608	100.0
宗教	频数	频率
有	48	7.89
无	560	92.11
总体	608	100.0
民族	频数	频率
汉族	584	96.05
其他民族	24	3.95
总体	608	100.0
年龄	频数	频率
小于17岁	23	3.78
18—22岁	484	79.60
23—30岁	84	13.82
31—40岁	9	1.48
41岁以上	8	1.32
总体	608	100.00
职业	频数	频率
学生	548	90.13
从业人员	60	9.87
总体	608	100.00
婚姻状况	频数	频率
已婚	43	7.07

续表

婚姻状况	频数	频率
未婚	565	92.93
总体	608	100.00
学历	频数	频率
专科以下	30	4.93
专科及以上	568	95.07
总体	608	100.00
收入	频数	频率
300 元以下	413	67.93
301—1000 元	63	10.36
1001—3000 元	78	12.83
3001—5000 元	34	5.59
5000 元以上	20	3.29
总体	608	100.00

3.2 研究工具

本研究调查问卷分为以下六个分问卷。第一部分为基本信息，主要调查被试者的性别、民族、宗教、年龄、职业、学历、月收入、婚姻、捐款经历等背景信息；第二部分为六个问卷，包括慈善认知和慈善效能问卷（问卷一）、信任调查问卷（问卷二）、媒体认知问卷（问卷三）、慈善机会主义感知与慈善沟通问卷（问卷四）、慈善组织公信力调查问卷（问卷五）、慈善危机事件与信任修复调查问卷（问卷六）。慈善认知问卷的目的是了解公众对慈善组织的了解情况，慈善效能感问卷主要是为了了解公众对慈善组织效能的感知。信任调查问卷包括普遍信任与特殊信任问卷，主要调查公众对陌生人信任和熟人信任的状况。媒体认知问卷主要调查公众对当前媒体的整体认知状况和持有的基本态度。慈善机会主义感知问卷主要调查公众对慈善组织的机会主义认知，而慈善沟通问卷则是调查公众对慈善组织沟通状况的感知和认识。慈善组织公信力调查问卷主要从公众对慈善组织的能力信任、正直信任和善心信任三个维度来调查慈善组织的公信力状况。慈善危机事件与信任修复调查问卷，主要是调查近期发生的慈善事件对慈善公信力的影响，慈善组织采取的不同修复策略对慈善公信力重建所起的不同作用等。

3.2.1 慈善效能问卷

慈善效能预测问卷借鉴了石国亮编制的居民的慈善效能感问卷（2004），并进行了合理地删减，预测问卷共包含11个项目，该问卷采用Likert五级量表计分，从“非常不同意”到“非常同意”，依次计1—5分，得分越高表示慈善效能感越高。

3.2.2 普遍信任问卷

普遍信任问卷借鉴和参考了王飞雪和山岸俊男（1999）的《信任的中日美比较研究》论文中的普遍信任和特殊信任问卷。普遍信任预测问卷共有8个题目，采用Likert五级量表计分，从“非常不同意”到“非常同意”，依次计1—5分。

3.2.3 媒体认知问卷

媒体认知问卷主要参考了石国亮（2004）编制的《媒体认知问卷》。预测问卷包括7个题目，采用Likert五级量表计分，从“非常不同意”到“非常同意”，依次计1—5分。

3.2.4 机会主义感知问卷

机会主义感知问卷参考了Sargeant和Lee（2004）和Torres－Moraga等人（2010）的问卷，并在其基础上进行了修改。预测问卷包括3个题目，采用Likert五级量表计分，从“非常不同意”到“非常同意”，依次计1—5分。

3.2.5 慈善沟通问卷

慈善沟通问卷参考了Torres－Moraga等人（2010）的慈善组织沟通有效性问卷。预测问卷包括3个题目，采用Likert五级量表计分，从“非常不同意”到“非常同意”，依次计1—5分。具体题目有“我所捐赠的慈善组织能为我提供充足的、我所喜欢的信息”“我所捐赠的慈善组织非常了解我的捐款正在发生什么”“我所捐赠的慈善组织向我提供了明确的信息”。

3.2.6 慈善组织公信力问卷

本研究中慈善组织公信力问卷是自编问卷，该问卷依据 Kim 等人（2006）的信任理论，把慈善组织公信力分为正直信任、能力信任和善心信任三个维度。慈善公信力调查问卷主要调查公众对慈善组织的公信力现状，慈善组织公信力包括三个维度，即慈善组织能力信任、慈善组织正直信任和慈善组织善心信任，预测问卷共包括 27 个项目。预测问卷中慈善组织能力信任包括项目 1—13，慈善组织正直信任维度，包括项目 14—18，慈善组织善心信任维度包括项目 19—27。

3.3 施测与统计处理

在本研究中综合使用了 SPSS25.0 和 Mplus8.0 工具进行统计分析。使用 SPSS25.0 完成数据的描述性统计分析、相关分析等，采用 Mplus 对数据进行了验证性因素分析（CFA）和结构方程模型（SEM）等分析。

3.4 研究假设

基于本研究的文献综述，本研究选取普遍信任、慈善效能感、媒体认知、慈善沟通、机会主义感知、慈善认知这 6 个因素为影响慈善组织公信力的自变量。因变量为慈善组织公信力。在已有学者研究的基础上，本研究把慈善组织公信力分为三个维度：能力信任、正直信任和善心信任。

慈善组织公信力是一个多维度概念，根据 Mayer 等人（1995）对信任的概念界定和结构描述，本研究认为慈善组织公信力包括公众对慈善组织的能力信任、正直信任和善心信任。由此，提出假设 1：慈善组织公信力这个二阶因子包括慈善组织能力信任、正直信任和善心信任三个一阶因子。

人们对事物的认知会影响到人们的态度和评价，基于社会认知理论，本研究提出假设 2：慈善组织认知与慈善组织公信力有正向相关关系，即对慈善组织认知越好的个体对慈善组织公信力评价越高。

慈善组织公信力是指慈善组织和慈善活动在社会信任系统中获得的社会认可和公众信任的程度。信任与公信力均是建立在信仰共同体的基础上的，因此两者关系密切。一般来讲，具有较高普遍信任度的个体对慈善组织公信力持有更高的评价。因此本研究提出假设 3：普遍信任与慈善组织公信力有正向相关关系，即公众的普遍信任越高，对慈善组织公信力评价越高。

现代社会是一个信息化社会，社会成员每天要面对各种不同的媒体信息，这些信息对个体的态度和认知会产生相应的影响。作为普通的社会成员，媒体认知会影响他们的认知、态度和价值观，会直接正向影响人们对慈善组织的公信力评价。因此提出假设 4：媒体认知与慈善组织公信力有正向相关关系，即公众的媒体认知越好，对慈善组织公信力评价越高。

如果人们对慈善组织所从事的慈善活动的机会主义感知越高，如认为慈善组织不会考虑捐赠者的利益、只寻求组织自己的利益等，那么，人们就会认为该慈善组织风险越高，他们对慈善组织的公信力评价就会越低。这表明公众对慈善组织形成的机会主义感知会对慈善组织的公信力产生直接的负面影响。因此提出假设 5：机会主义感知与慈善组织公信力有负向相关关系，即机会主义对慈善公信力有负向直接影响，人们对慈善组织的机会主义感知越高，则对该慈善组织的公信力评价越低。

心理学上把人对自己进行某一活动能力的判断称之为效能感。效能感的高低往往会影响一个人的认知和行为。慈善效能感是指个体对自己进行慈善活动的能力的判断与推测。已有研究表明慈善效能感能提高慈善组织公信力。因此，本研究提出假设 6：慈善效能感与慈善组织公信力有正向相关关系，慈善效能感高的人对慈善组织公信力的评价也越高。

在慈善捐赠发生后和慈善危机事件发生后，慈善组织的沟通对于自身形象的保持和重塑具有重要作用。当捐赠者捐赠完成后，一般都会产生沟通需求。捐赠者需要知道自己的善款用于何处，是否得到有效利用等。此外，在我国慈善危机事件频发的背景下，慈善组织的沟通显得尤为重要。当慈善危机事件发生后，如果慈善组织能做到有效沟通，给予相应的道歉、补偿或承诺等措施，将会有效地促进组织的公信力重建，维护组织的正面形象。因此，本研究提出假设 7：慈善沟通与慈善组织公信力有正向相关关系，即慈善组织沟通得越好越有利于慈善组织公信力。慈善组织沟通会直接正向影响慈善组织的公信力。

普遍信任常常影响社会成员对陌生人和社会组织的信任度，人们对慈善组织公信力的评价涉及具体慈善组织和相关慈善领域。在日常生活中，普遍信任对慈善组织公信力的影响作用常常是通过慈善组织的沟通而产生的。如果慈善组织善于沟通，与公众沟通的效果好，普遍信任则会较好地促进人们对慈善组织公信力的评价。因此，本研究提出假设8：慈善沟通在普遍信任对慈善组织公信力的影响中起到中介作用。

日常生活中人们会形成对媒体的各种认知，媒体对慈善组织公信力的影响，常常通过慈善组织的沟通来实现。当慈善组织发生信任危机事件，如果慈善组织能进行很好的沟通，及时化解危机，那么慈善公信力未必受到影响，反而是建立和提升公信力的契机。现代网络社会，慈善组织常常使用各种媒体来传达自己的观点和理念，发布相关的项目信息和财务报表等。因此，从信息传播的角度来讲，媒体认知对慈善组织公信力的影响会通过慈善组织的沟通来发挥作用。因此，本研究提出假设9：慈善沟通在媒体认知对慈善组织公信力的影响中起到中介作用。

日常生活中，人们对慈善组织的机会主义感知，常常是从网络或新闻媒体报道等途径获得，如果慈善组织善用沟通，人们对慈善组织的机会主义感知就比较低，就会形成较高的慈善组织公信力。因此，提出假设10：慈善沟通在机会主义对慈善组织公信力的影响中起到中介作用。

慈善效能感越高的个体越倾向于认为慈善具有价值和作用，认为自己的慈善行为可以帮助到在困境中的人，帮助他们脱离困境。如果慈善捐赠发生后，慈善组织能善用沟通，及时把捐赠信息反馈给捐赠者，将会极大地提高捐赠者对慈善组织的公信力评价。已有研究表明慈善沟通过程中的信息反馈，满足了人们对提升慈善组织透明度的心理需求。因此，本研究提出假设11：慈善沟通在慈善效能感对慈善组织公信力的影响中起到中介作用。

根据已有文献，预测的理论模型如图3－1所示：

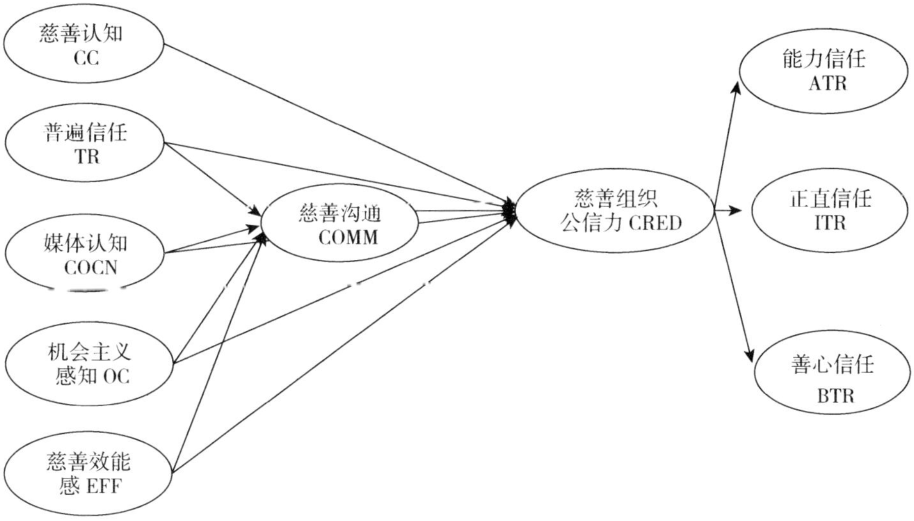

图3－1　概念模型与研究框架

3.5　结果分析

3.5.1　项目删选

已有研究表明，当项目的因子载荷小于0.40时，表明这个项目不宜包含于因子结构中，即该项目无法代表某个维度。因子载荷大于或等于0.40表明该项目包含于相关的因子结构中，而当因子载荷大于0.60时，表明该项目较为理想，能很好地代表相关的维度（Costello & Osborne，2005）。本研究筛选项目的标准是在Mplus验证性因素分析中因子的载荷大于0.60。使用Mplus对慈善效能感问卷进行验证性因素分析，删除因子载荷较低的7个题目，正式问卷最后保留因子载荷大于0.60的5个题目。它们分别是："慈善行为可以鼓励人们勤奋上进""慈善捐赠会让人们产生信任""慈善行为可以使事务开展得更有效率""慈善行为会增加人们的幸福感""慈善活动有助于社会的安定团结"。

对普遍信任问卷使用Mplus进行验证性因子分析后，删除因子载荷较低的4个题目，正式问卷最后保留了因子载荷大于0.60的四个题目，它们分别是："我相信他人""受人信任时大多数人也将信任对方""大多数人基本上是相信他人的""受人信任时大多数人也将做出相应的回报"。这四个题目分别从信任信念、受信任的回应、信任态度方面来考察被试者的普遍信任。

在媒体认知问卷中，使用Mplus验证性因子分析，发现七个题目的因子载荷均高于0.60，因此在正式问卷中七个题目均保留。它们分别是"大众传媒是我了解慈善组织的主要途径""媒体是监督慈善组织运行的良好工具""当前媒体关于慈善组织的报道大多数是真实的""当前媒体关于慈善组织的报道大多是正面的""媒体披露的新闻符合我对慈善组织的一贯印象""媒体的正面报道使我更加信任慈善组织""媒体报道的负面新闻降低了我对慈善组织的信任"。这几个题目分别测量了个体对媒体的报道真实性、报道内容、信息披露等方面认知。

由于机会主义感知预测问卷中 3 个题目的因子载荷均高于 0.60，因此正式问卷中三个题目均保留。具体题目包括“慈善组织似乎认为他们的工作有益于我，而实际上他们只是寻求自己的利益”“我认为慈善组织根本不在乎普通的捐赠者”“我所捐赠的慈善组织只对我捐赠的钱感兴趣”。

慈善沟通的预测问卷中包含三个项目，使用 Mplus 进行验证性因子分析发现三个项目的因子载荷均大于 0.600，表明均可接受，因此三个项目均予以保留。

使用 Mplus 对对慈善公信力问卷进行分析，删除了能力信任、正直信任、善心信任三个维度下载荷较低的题目，正式问卷中保留了因子载荷大于 0.60 的题目，能力信任维度保留了 5、10、11 三个题目，正直信任维度保留了 16、17、18 三个题目，善心信任保留了 25、26、27 三个题目。

3.5.2　项目分析

由于慈善组织公信力问卷是依据已有理论框架自编的问卷，因此对该问卷进行了项目分析。

为了进一步检验慈善组织公信力问卷的项目区分度，本研究采用如下两种方法。首先，采用临界比值法（简称 CR 值法）来进行鉴别度的分析。总分前 27% 的项目分为高分组，后 27% 的归为低分组。将高分组与低分组在每道题目上的得分平均值进行独立样本 t 检验，计算出的 t 值即为项目分析的决断值，即 CR 值。如果 CR 值与各个项目的差异显著就表明该项目的鉴别度较好，若差异不显著，则表明该项目的鉴别度较差，应将其删除。其次，采用相关法算出每一个项目与总量表的相关系数，检验相关系数的显著性。统计结果见表 3 - 2。

表 3 - 2　慈善组织公信力项目分析结果

题号	T	与量表总分的相关
1	22.490***	0.805**
2	20.541***	0.751**
3	24.434***	0.815**
4	19.942***	0.779**
5	22.525***	0.825**
6	21.495***	0.828**
7	24.547***	0.806**
8	24.456***	0.836**
9	26.119***	0.822**

注：** 表示在 0.01 水平上显著相关，*** 表示在 0.001 水平上显著相关。

从上表可以看出，采用 CR 值法检验的结果表明慈善组织公信力问卷各项目均达到了显著水平，说明各个项目的鉴别力良好。项目与量表总分的相关检验的结果表明各项目与总分的相关均达到显著水平，表明该问卷的区分度良好。

3.5.3　正式问卷的验证性因子分析

验证性因子分析使用较多的方法是最大似然法（Maximum Likelihood）。这种方法是使用样本数据对所设定的模型参数进行估计，再依据这些参数来重新建立协方差矩阵，然后尽可能地把新建立的协方差矩阵与要观察的方差的协方差矩阵进行匹配。当新建立的矩阵与观察矩阵接近时，残差矩阵的各个元素将接近零，模型拟合就比较好。一般验证性因子分析经常会用到以下拟合参数。

首先要用到χ^2/df即卡方除以自由度的值，一般情况下这个值是用来判断模型拟合度的优度如何的。该值越小表明模型拟合得越好，一般来讲这个值是介于1—3，如果大于3则表明模型的拟合度不是很好。

CFI是比较拟合指数（Comparative Fit Index），CFI表示相对于独立模型，研究模型的拟合程度。CFI取值范围在0—1，一般来讲，该值大于0.90就表示模型拟合得好。

TLI（Tucker - Lewis Index），取值范围在0—1，当TLI大于0.90时，说明模型拟合得好。

SRMR（Standardiazed Root Mean Square Residual）是标准化残差均方根，其取值范围在0—1，当SRMR小于0.08时，表示模型拟合理想（Hu & Bentler，1999）。

RSMEA（Root Mean Square Error of Approximation）近似误差均方根，其取值范围在0—1，当RSMEA小于0.08时，表示模型拟合得好。

由于慈善沟通问卷和机会主义感知问卷均只有三个项目，且项目较好辨识，因此无须做模型拟合度的检验。而慈善效能感问卷、普遍信任、媒体认知、慈善组织公信力问卷均可进行经Mplus验证性因子分析，获得问卷的模型拟合指标如表3-3所示：

表 3-3 验证性因子分析结果

	χ^2	*df*	χ^2/df	CFI	TLI	RMSEA	SRMR
慈善效能感	57. 304	20	2. 865	0. 969	0. 917	0. 075	0. 007
普遍信任	13. 177	5	2. 635	0. 983	0. 965	0. 073	0. 024
媒体认知	39. 503	14	2. 822	0. 976	0. 964	0. 066	0. 027
慈善组织公信力	39. 524	24	1. 521	0. 987	0. 981	0. 046	0. 029

从表3-3中可以看出四个量表中的各个指标基本上都达到了要求，模型拟合度较好。

进一步使用Mplus进行各个分问卷的信度与收敛效度、区分效度的分析，使用SPSS进行内部一致性信度分析。普遍信任问卷保留的4个项目，由表3-4和图3-2可以看出4个项目因子载荷均高于0.600。组成信度为0.797，大于0.700。收敛效度为0.496，接近0.500。这表明该量表具有较好的组成信度和收敛效度。

表 3-4 普遍信任的题目信度、组成信度与收敛效度分析表

参数显著性估计						题目信度	组成信度	收敛效度
维度	题目	STD.	S. E.	Est. /S. E.	P - Value	SMC	CR	AVE
普遍信任	TR4	0. 753	0. 032	23. 850	* * *	0. 554	0. 797	0. 496
	TR 5	0. 680	0. 037	18. 422	* * *	0. 501		
	TR 6	0. 675	0. 037	18. 113	* * *	0. 493		
	TR 7	0. 680	0. 037	18. 354	* * *	0. 438		

注：***表示 $p<0.001$。

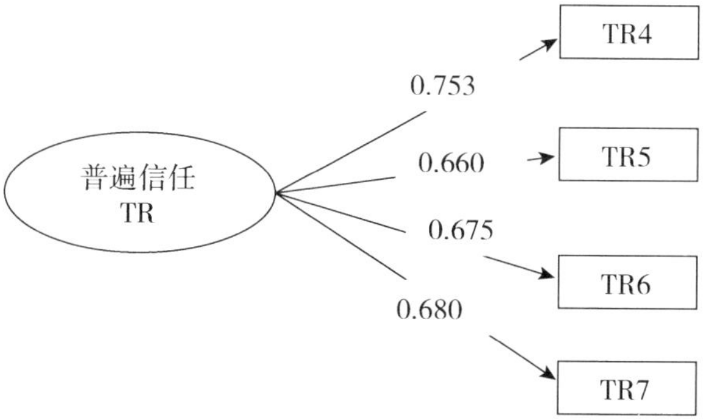

图 3－2　普遍信任一阶验证性因子路径图

媒体认知问卷包括 7 个项目，从表 3－5 和图 3－3 可见这 7 个项目的因子载荷均高于 0.600。收敛效度为 0.617，高于 0.500。组成信度为 0.918，大于 0.700。这表明该量表具有较好的组成信度和收敛效度。

表 3－5　媒体认知的题目信度、组成信度与收敛效度分析表

参数显著性估计						题目信度	组成信度	收敛效度
维度	题目	STD.	S. E.	Est. /S. E.	P－Value	SMC	CR	AVE
媒体认知	COGN1	0. 793	0. 024	32. 922	***	0. 629	0. 918	0. 617
	COGN 2	0. 679	0. 034	20. 275	***	0. 461		
	COGN 3	0. 761	0. 027	28. 454	***	0. 579		
	COGN 4	0. 878	0. 017	52. 777	***	0. 771		
	COGN 5	0. 852	0. 019	45. 307	***	0. 726		
	COGN 6	0. 775	0. 026	30. 276	***	0. 601		
	COGN 7	0. 742	0. 028	26. 046	***	0. 551		

注：***表示 $p<0.001$。

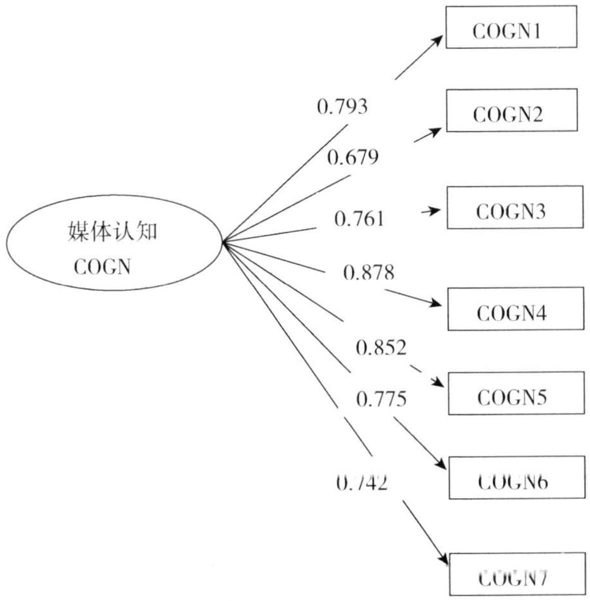

图 3－3　媒体认知一阶验证性因子路径图

机会主义感知问卷包括3个项目，从表3－6和图3－4可以看出3个项目的因子载荷均高于0.600，问卷的组成信度为0.927，高于0.600。收敛效度为0.809，高于0.500。以上数据表明该量表具有较好的组成信度和收敛效度。

表 3－6　机会主义感知问卷的题目信度、组成信度与收敛效度分析表

参数显著性估计						题目信度	组成信度	收敛效度
维度	题目	STD.	S. E.	Est. /S. E.	P－Value	SMC	CR	AVE
机会主义感知	OC1	0.890	0.016	56.364	***	0.792	0.927	0.809
	OC2	0.926	0.014	68.470	***	0.857		
	OC3	0.882	0.016	54.034	***	0.778		

注：***表示 $p<0.001$。

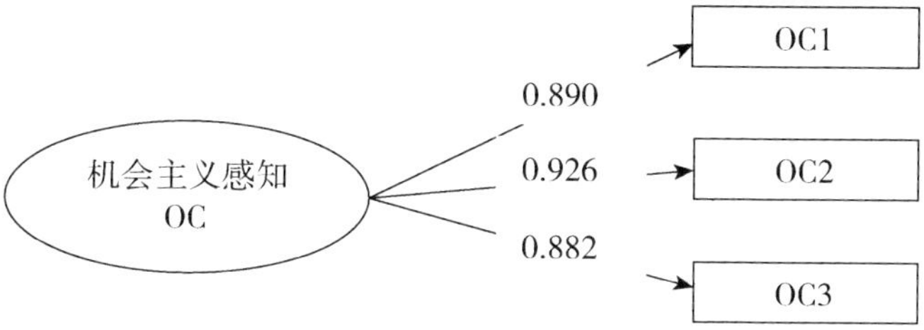

图3-4 机会主义感知一阶验证性因子路径图

如表3-7和图3-5所示，慈善效能感正式问卷的5个项目的因子载荷均高于0.600。组成信度为0.898，大于0.700。收敛效度为0.640，高于0.500。根据Forell和Larcker（1981）的建议，认为组成信度为0.600以上为可接受，收敛效度最好大于0.500。那么本量表的组成信度与收敛效度均较为理想，表明该量表具有较好的组成信度和收敛效度。

表3-7 慈善效能感题目信度、组成信度与收敛效度分析表

参数显著性估计						题目信度	组成信度	收敛效度
维度	题目	STD.	S. E.	Est. /S. E.	P - Value	SMC	CR	AVE
慈善效能感	EFF1	0.772	0.026	29.310	* * *	0.596	0.898	0.640
	EFF 2	0.749	0.028	26.418	* * *	0.561		
	EFF 3	0.866	0.018	47.727	* * *	0.750		
	EFF 4	0.855	0.019	44.252	* * *	0.731		
	EFF 5	0.749	0.028	26.324	* * *	0.561		

注：***表示 $p<0.001$。

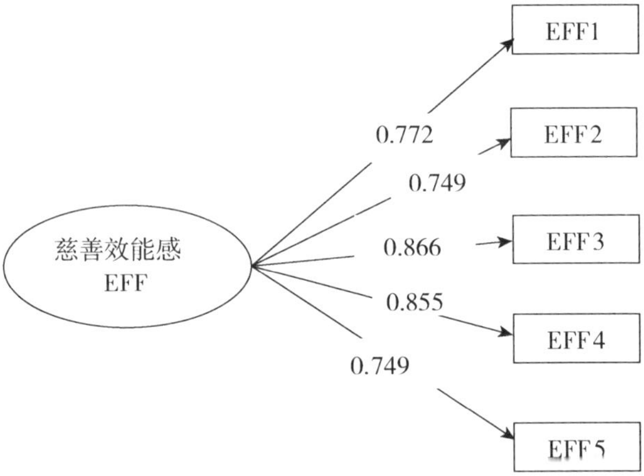

图 3-5 慈善效能感一阶验证性因子路径图

慈善沟通问卷包括 3 个项目，由表 3-8 和图 3-6 可以看出这 3 个项目的因子载荷均可接受，问卷的组成信度为 0.738，高于 0.600。收敛效度为 0.502，高于 0.500。表明该量表具有较好的组成信度和收敛效度。

表 3-8 慈善沟通的题目信度、组成信度与收敛效度分析表

参数显著性估计						题目信度	组成信度	收敛效度
维度	题目	STD.	S. E.	Est. /S. E.	P - Value	SMC	CR	AVE
慈善沟通	COMM1	0. 612	0. 055	11. 181	***	0. 375	0. 738	0. 502
	COMM2	0. 936	0. 064	14. 719	***	0. 876		
	COMM3	0. 505	0. 055	9. 232	***	0. 255		

注：***表示 $p < 0.001$。

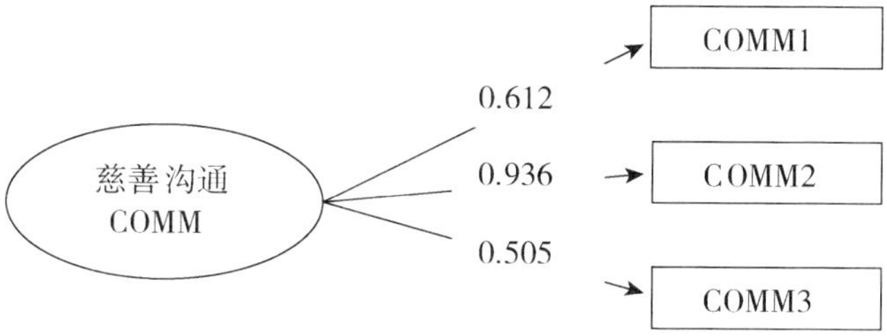

图 3－6　慈善沟通一阶验证性因子路径图

慈善组织公信力问卷包括三个维度：能力信任、正直信任和善心信任，共 9 个项目。从表 3－9 和图 3－7 可以看出，能力信任维度包括 3 个项目，每个项目的因子载荷均高于 0.600，问卷的组成信度为 0.829，高于 0.600。收敛效度为 0.622，高于 0.500。表 3－9 和图 3－8 表明正直信任维度包括 3 个项目，每个项目的因子载荷均高于 0.600，问卷的组成信度为 0.863，高于 0.600。收敛效度为 0.678，高于 0.500。表 3－9 和图 3－9 路径图显示善心信任维度包括 3 个项目，每个项目的因子载荷均高于 0.600，问卷的组成信度为 0.859，高于 0.600。收敛效度为 0.675，高于 0.500。以上数据表明慈善组织公信力问卷具有较好的组成信度和收敛效度。

表 3－9　能力信任、正直信任和善心信任的题目信度信度、组成信度与收敛效度分析表

参数显著性估计						题目信度	组成信度	收敛效度
维度	题目	STD.	S. E.	Est. /S. E.	P－Value	SMC	CR	AVE
能力信任	ATR5	0.678	0.038	17.877	***	0.460	0.829	0.622
	ATR 10	0.919	0.031	29.638	***	0.845		

续表

参数显著性估计						题目信度	组成信度	收敛效度
维度	题目	STD.	S. E.	Est. /S. E.	P – Value	SMC	CR	AVE
	ATR 11	0. 750	0. 035	21. 504	* * *	0. 563		
正直信任	ITR16	0. 743	0. 031	23. 813	* * *	0. 552	0. 863	0. 678
	ITR17	0. 867	0. 025	34. 491	* * *	0. 752		
	ITR18	0. 854	0. 026	33. 291	* * *	0. 729		
善心信任	BTR25	0. 923	0. 024	37. 753	* * *	0. 852	0. 859	0. 675
	BTR26	0. 652	0. 037	17. 772	* * *	0. 425		
	BTR27	0. 864	0. 026	33. 323	* * *	0. 746		

注：***表示 p<0. 001。

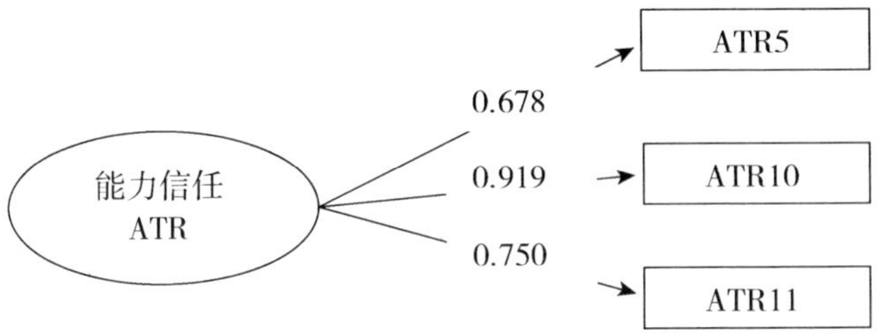

图 3 –7　能力信任一阶验证性因子路径图

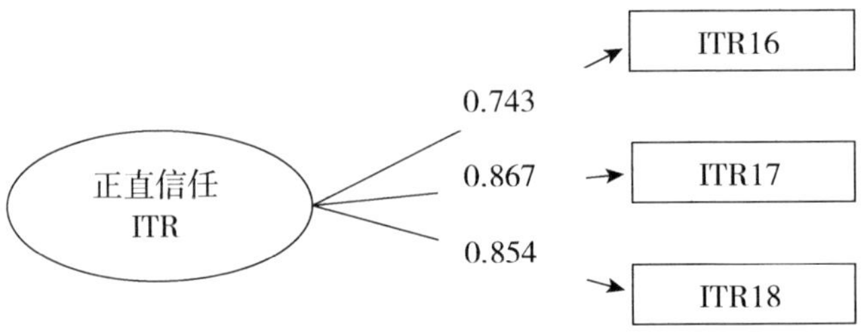

图 3 –8　正直信任一阶验证性因子路径图

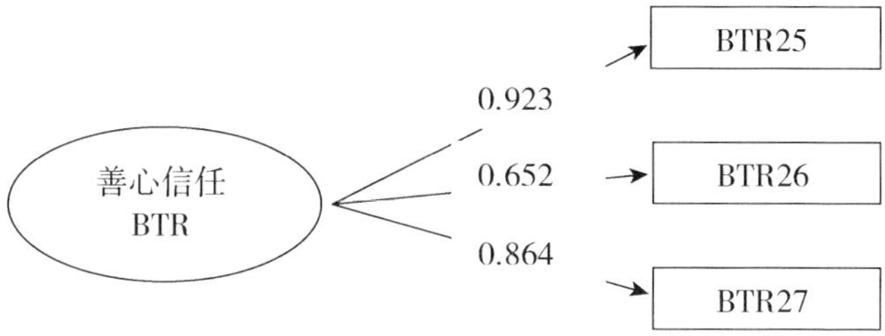

图 3 –9 善心信任一阶验证性因子路径图

由于慈善组织公信力问卷是自编问卷，我们先做了慈善组织公信力的二阶验证因子分析，检验三个维度的结构是否合理。慈善公信力包含三个维度，即能力信任、正直信任和善心信任。我们将一阶验证性因子分析和二阶验证性因子分析进行比较，根据 Marsh 和 Hocevar（1985）的研究建议，计算出目标系数，即通过一阶验证性因子分析和二阶验证性因子分析的比值来确定模型是否适合。目标系数越接近 1，代表二阶模型就越能够取代一阶模型，使得模型更为精简（Lai et al.，2010）。在本研究中，慈善公信力的目标系数为 0. 99，非常接近 1。这表明慈善公信力模型可以用二阶取代一阶，即二阶因子模型能够有效地解释一阶因子之间的关系（Hoffmann，2005），支持了二阶因子的存在。因此，本研究的结构方程模型，均使用慈善组织公信力的二阶模型来进行分析。以上数据可以证明本研究的假设 1 是成立的。即慈善组织公信力是由三个维度组成，分别为能力信任、正直信任和善心信任（见图 3 –10）。

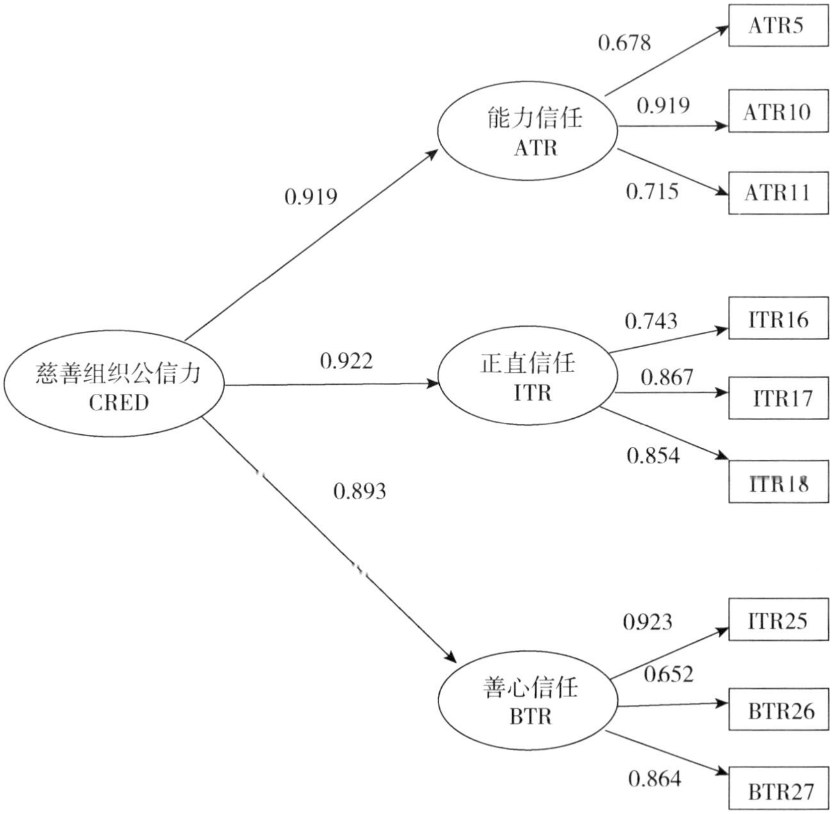

图 3－10　二阶因子模型

下表 3－10 反映了总体问卷的区分效度，可以看出，各个变量之间存在显著相关，而且 AVE 的平方根均大于变量之间的相关系数，即对角线的粗体字大于本研究中变量之间的相关值，表明模型具有良好的区分效度。

表3-10 区别效度分析表

	收敛效度	皮尔森相关与区别效度							
	AVE	慈善效能	普遍信任	媒体认知	机会主义感知	慈善沟通	能力信任	正直信任	善心信任
慈善效能	0.640	0.800							
普遍信任	0.496	0.577	0.704						
媒体认知	0.617	0.503	0.589	0.785					
机会主义感知	0.809	-0.182	-0.047	0.023	0.948				
慈善沟通	0.502	0.362	0.423	0.679	0.185	0.709			
能力信任	0.622	0.332	0.439	0.603	-0.121	0.720	0.789		
正直信任	0.678	0.321	0.425	0.584	-0.118	0.697	0.914	0.823	
善心信任	0.675	0.291	0.386	0.529	-0.125	0.633	0.829	0.803	0.821

注：对角线上的数值为AVE的平方根。

本研究进一步分析了各个问卷的内部一致性信度，分析结果如表3-11。

表3-11 各个问卷的内部一致性信度分析结果

	项目数	Cronbach α系数
慈善效能	5	0.91
普遍信任	4	0.86
媒体认知	7	0.74
慈善沟通	3	0.78
机会主义感知	3	0.85
能力信任	3	0.86

续表

	项目数	Cronbach α系数
正直信任	3	0.87
善心信任	3	0.91
慈善组织公信力	9	0.93

从表3-11可以看出，在本研究中慈善效能感问卷的内部一致性Cronbach'α系数是0.91，普遍信任问卷的内部一致性α系数为0.86，媒体认知问卷的内部一致性α系数为0.74，慈善沟通问卷的内部一致性α系数为0.78，机会主义感知问卷的内部一致性α系数为0.85。说明以上问卷的内部一致性较好，这些问卷均具有较高的可信性。

能力信任问卷的α系数为0.86，正直信任问卷的α系数为0.87，善心信任问卷的α系数为0.91，慈善组织公信力总问卷的α系数为0.93。这说明慈善组织公信力问卷不论是从分问卷还是总问卷来看其内部一致性均较好，具有较高的可信度。

3.5.4 各研究变量的描述性统计结果分析

本研究在已有研究的基础上，挑选了慈善认知、慈善效能感、慈善沟通、机会主义感知、媒体认知等因素作为自变量，通过问卷调查来考察以上自变量对因变量慈善组织公信力的影响。

(1) 慈善认知的描述性统计结果

本研究中的慈善认知主要是从慈善组织知晓度来考察的，选取了中国知晓度较高的全国性慈善组织8个，它们分别是中国扶贫基金会、宋庆龄基金会、中国青少年发展基金会、中国残疾人联合会、中国妇女发展基金会、中国环保基金会、中国光彩事业促进会、中国红十字会。从表3－12可以看出，在被调查人数中知晓度最高的慈善组织是中国红十字会，有97.86%的人听说过，其次为中国扶贫基金会，有87.66%的人听说过，再次为中国残疾人发展基金会和中国青少年发展基金会，听说过的人数占比分别为68.27%和67.27%。以上四个慈善组织人们的知晓度均超过60%。

表3－12 慈善认知的频次与人数分布

慈善组织	听说过		没有听说过	
	人数	百分比%	人数	百分比%
中国扶贫基金会	533	87.66	75	12.34
宋庆龄基金会	274	45.07	334	54.93
中国青少年发展基金会	409	67.27	199	32.73
中国残疾人联合会	415	68.27	193	31.73
中国妇女发展基金会	296	48.68	312	51.32
中国环保基金会	332	54.61	276	45.39
中国光彩事业促进会	70	11.51	538	88.49
中国红十字会	595	97.86	12	2.14

从总体知晓个数来分析人们对慈善组织的知晓度（见表3－13），可以发现知晓4—6个慈善组织的人数占比相对较多，知晓4个的人数为18.75%，知晓5个的人数为21.05%，知晓6个的人数为17.76%。综合以上分析可以看出目前我国社会公众对慈善组织的知晓相对集中，覆盖面不是特别广。就我们调查的全国性的慈善组织，仅有四个慈善组织达到了60%以上的社会公众知晓度。从知晓个数的分布来看，主要集中于5个左右。因此，要促进我国慈善事业的发展，还需要加大慈善组织的宣传力度，扩大人们对慈善组织的知晓度，使社会

公众更多地参与慈善。

表 3－13 慈善组织的知晓数目

知晓数目	频数	频率（%）	累积频率（%）
0	2	0.33	0.33
1	20	3.29	3.62
2	47	7.73	11.35
3	75	12.34	23.69
4	114	18.75	42.44
5	128	21.05	63.49
6	108	17.76	81.25
7	72	11.84	93.09
8	42	6.91	100.00
合计	608	100.00	

为了更为清晰地刻画慈善组织的知晓度，本研究把个体对慈善组织的知晓数进行了重新分组，把知晓1—3个组织定义为知晓度低，知晓4—5个组织的定义为知晓度中等，知晓6—8个组织的为知晓度高。从表3－14可以看出，慈善知晓度低的人数占比达到23.68%，知晓度中等的占比39.80%，知晓度高的人数仅占36.51%，说明人们对慈善组织的知晓度还有待提高。

表 3－14 慈善组织知晓度人数分布

慈善组织知晓度	人数	百分比（%）
知晓度低	144	23.68
知晓度中等	242	39.80
知晓度高	222	36.51

（2）普遍信任与特殊信任描述性统计分析结果

表3－15　普遍信任的平均值与标准差

项目	M	SD
大多数人基本上是相信他人的	3.57	0.86
受人信任时大多数人也将做出相应的回报	3.68	0.87
我相信他人	3.64	0.85
受人信任时大多数人也将信任对方	3.37	0.88
总体	3.63	0.74

从表3－15可以看出人们的普遍信任各个项目的得分均高于中间值3分，都在3.30分以上。普遍信任总分均值为3.63，方差为0.74。这表明公众在普遍信任的信任信念、受信任的回应、信任态度等方面得分尚可，普遍信任水平处于中等偏上水平。

普遍信任包括四个项目，主要涉及信任信念、受信任的回应、信任态度。其中信任信念涉及“大多数人基本上是相信他人的”和“受人信任时大多数人也将信任对方”这两个项目，受信任的回应是指“受人信任时大多数人也将做出相应的回报”这个项目。信任态度是指“我相信他人”这个项目。从表3－16可以看出，在信任信念上，选择比较同意和非常同意的均过半，表明有50%以上的个体认为大多数人是相信他人的。有40%以上的人认为受人信任时大多数人会相信对方。在受信任的回应上，选择比较同意和十分同意选项的均超过60%，说明人们在日常生活中，当受到他人信任时，多数人均会做出信任回应。在信任态度上，对于“我信任他人”这个项目，个体在比较同意和十分同意上的占比为57.40%。由此可见，人们在信任态度上不乐观，约为50%以上的人认为他人是可信的，这也从另一个侧面表明了信任具有风险性，在当前我国诚信制度尚未完全建立起来的宏观背景下，很多人对陌生人持中立或审慎的态度。

表3-16 普遍信任的频次与人数分布

项目	非常不同意	不太同意	一般	比较同意	非常同意
大多数人基本上是相信他人的	13	45	201	283	66
	2.14%	7.40%	33.06%	46.55%	10.86%
受人信任时大多数人也将做出相应的回报	10	38	186	277	97
	1.64%	6.25%	30.59%	45.56%	15.95%
我相信他人	9	32	218	261	88
	1.48%	5.26%	35.86%	42.93%	14.47%
受人信任时大多数人也将相信对方	15	59	284	188	62
	2.47%	9.70%	46.71%	30.92%	10.20%

人际信任圈能反映出人际关系和信任之间的关系，本研究采用了李伟民和梁玉成（2002）的问卷，该问卷涉及13种人际关系，由近及远分别为直系亲属或家人、亲密朋友、同学、其他亲戚、一般朋友、一般熟人、邻居、单位同事、老乡、大多数人、生产商、销售商、网友（见表3-17）。

表3-17 人际信任的平均值与标准差

受信方	M	SD
网友	2.56	0.784
销售商	2.71	0.722
生产商	2.90	0.684
大多数人	3.06	0.639

续表

受信方	M	SD
老乡	3.35	0.645
单位同事	3.45	0.578
邻居	3.47	0.607
一般熟人	3.54	0.603
一般朋友	3.61	0.569
其他亲戚	3.61	0.643
同学	3.65	0.599
亲密朋友	4.32	0.645
直系亲属或家人	4.27	0.699

表3－17显示出了人们对不同受信方的信任度，可以看出受信方与信任方关系的亲疏远近不同，信任度也不同，我们据此勾勒出了一个由内向外的，由近及远的人际信任关系图（见图3－11）。在最内层，受信方与信任方关系最为亲近，属于亲密关系，主要包括亲密朋友和直系亲属。两者的可信度的得分分别为4.32和4.27，均高于4.20分，均分得分介于可以信任和完全可以信任之间，表明这两类人的可信度是较高的。因此本研究把最内层这一圈称之为“最值得信任的一类人”。接着再向外发展，是熟人关系，主要包括老乡、同学、邻居、单位同事、其他亲戚。这四类人的可信度均分得分高于3.40，介于中立和可以信任之间。我们把这一信任圈称为“可以较多信任的一类人”。而再向外推则是一般关系，主要包括一般熟人和一般朋友，这两者的得分也均高于3.50，这一信任圈称之为“审慎的信任”。最远一层关系为陌生人关系，主要包括网友、销售商、生产商和大多数人，陌生人的可信度得分基本上在3分及以下。这一信任圈称之为

"疏离的信任"。由此可以看出，人们对他人的信任随着人际关系由近及远，信任度呈现出逐渐下降的趋势。这与李伟民和梁玉成（2002）的研究结论较为一致。他们的研究也发现"可以较多信任"的一类包括亲密朋友、一般亲属、直系亲属和家庭成员。在"难以确定信任与否的一类"中主要包括血缘家族以外的"外人"，如单位同事、单位领导、邻居、一般朋友、社会上大多数人、熟人。而生产商、销售商和网友属于"不可过于信任的一类"。他们的研究已经对人际关系与信任做出了初步的划分，但本研究比他们的研究更进一步的地方在于，本研究基于对信任度的测量和人际关系的远近，形象地刻画出了人际关系与信任之间的关系，而且更为细致。

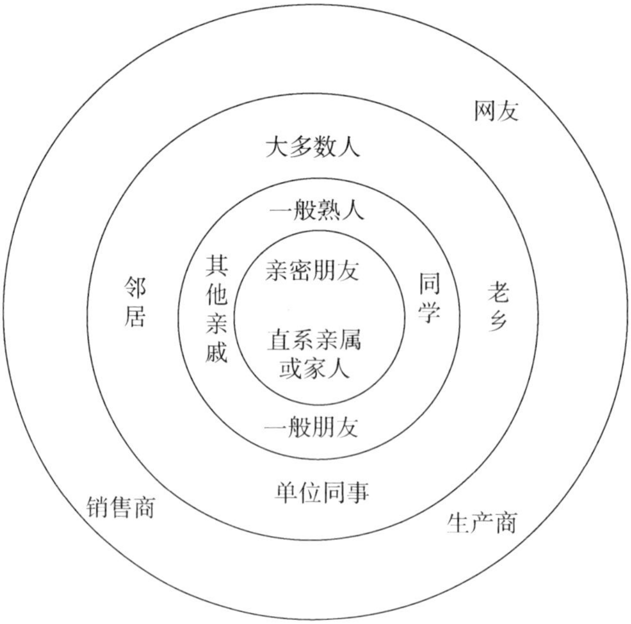

图 3－11　信任圈与人际关系图

（3）媒体认知描述性统计分析结果

由表3－18可以看出，个体对媒体的认知整体偏向中立的态度，得分均值是3.39分。这一得分也反映出个人对媒体在慈善宣传报道方面的认知是比较偏向正面而积极的。但值得注意的是，在报道真实性方面得分相对较低，仅有3.28分，表明媒体报道在真实性方面还需要做出更多的努力，来赢得社会公众对其更为客观的认知。

表3－18 媒体认知的平均值与标准差

媒体认知	M	SD
报道真实	3.28	0.83
报道正面	3.54	0.80
披露新闻符合认知	3.36	0.74
总体	3.39	0.64

表3－19分别显示了每个题项在不同选择项目上的人数与百分比。在分析中我们认为比较同意和非常同意意味着正面的积极的认知，而不太同意和非常不同意意味着负面的和消极的认知，而一般则代表着中立。“当前媒体关于慈善组织的报道大多数是真实的”和“媒体披露的新闻符合我对慈善组织的一贯印象”这两个项目在正面认知上的得分不足50%，“当前媒体关于慈善组织的报道大多数是正面的”项目上的正面认知得分刚刚超过50%。总体上近五成的人认为媒体是能够真实、正面地报道慈善新闻的。此外，报道的真实性和披露性报道的得分较低，表明新闻媒体还需要在这两个方面做出更多的努力，来满足人们对媒体的正向认知需要。

表 3-19 媒体认知人数与频数分布表

项目	非常不同意	不太同意	一般	比较同意	非常同意
当前媒体关于慈善组织的报道大多数是真实的	13	69	298	190	38
	2.14%	11.35%	49.01%	31.25%	6.25%
当前媒体关于慈善组织的报道大多是正面的	8	44	219	285	52
	1.32%	7.24%	36.02%	46.88%	8.55%
媒体披露的新闻符合我对慈善组织的一贯印象	5	52	300	220	31
	0.82%	8.55%	49.34%	36.18%	5.10%

（4）机会主义感知描述性统计分析结果

从表3-20可以看出，个体对慈善组织的机会主义感知分数未超过中立分数3分，说明人们心目中倾向于认为慈善组织的机会主义感知并不高，但由于得分均高于2.50分，也表明慈善组织在运营过程中存在一定风险度，因此人们倾向于对慈善组织持中立而谨慎的态度。

表 3-20 慈善组织机会主义感知的平均值与标准差

项目	M	SD
慈善组织寻求自己的利益	2.85	0.91
不在乎普通的捐赠者	2.83	0.99
只对我捐赠的钱感兴趣	2.76	0.97
机会主义总感知	2.82	0.84

表3-21进一步分析了慈善组织机会主义感知在不同选择项上人数分布和百分数的分布情况，发现有超过20%的人认为慈善组织的机会主义还是较高的。而有39%的人认为慈善组织的机会主义较低，有近四成的人在机会主义感知上保持中立态度。在这三个项目中则有七

成以上的个体认为慈善组织会考虑和在意捐赠者。

表3-21 机会主义感知问卷分析表（人数与频数）

项目	非常不同意	不太同意	一般	比较同意	非常同意
慈善组织寻求自己的利益	23	209	238	114	24
	3.78%	34.38%	39.14%	18.75%	3.95%
不在乎普通的捐赠者	46	197	204	134	27
	7.575%	32.40%	33.55%	22.04%	4.44%
只对我捐赠的钱感兴趣	56	187	230	115	20
	9.21%	30.76%	37.83%	18.91%	3.29%

（5）慈善效能感描述性统计分析结果

表3-22显示了慈善效能感描述性统计分析的结果。从结果上来看，慈善效能感总分和各个项目的得分均超过中间值3分，表明公众的慈善效能感较高，公众普遍认为慈善具有较好的效能，能够让人幸福、让人产生信任感，使得社会更加安定团结。

表3-22 慈善效能感的描述性统计分析

	M	SD
慈善效能感	3.80	0.85
鼓舞人上进	3.77	1.02
使事务有效率	3.61	0.99
让人产生信任感	3.63	1.05
增加幸福感	3.99	0.99
助于社会的安定团结	4.00	0.93

对慈善效能感进一步分析，将慈善效能感计算出总分，各个项目分别做以下赋值，非常不同意为-2，不太同意为-1，一般为0，比

较同意为1，非常同意为2。将因子得分小于0分的界定为负面评价，因子得分大于0的界定为正面评价，得分为0的界定为中性评价，得出结果如表3-23所示。

表3-23 慈善效能感认知的频次与人数分布

		正面	中性	负面
慈善效能感	人数	432	105	71
	百分数（%）	71.05	17.27	11.68

从表3-23可以看出，有71.05%的个体对慈善效能感的认知是正面的，表明在慈善效能感认知上，有7成以上的人是持有正面态度的，人们对慈善效能感持有较为积极的认知。同时这组数据也反应出有近30%的人的慈善效能感处于中性或负面，而个体之所以能做出慈善捐赠行为是因为他们相信慈善在社会上是能发挥其效能的。因此，如何激发人们更多的慈善效能感应引起慈善组织的重视。

（6）慈善信息反馈的描述性统计分析结果

个体进行慈善捐赠后的慈善信息反馈是影响再次捐赠的重要变量。从表3-24可以看出个体在做出慈善捐赠行为后从未接收到信息反馈的占34.70%，慈善组织信息反馈率在一半以上的仅有38.98%。表明当前我国慈善捐赠在信息反馈这个环节还有很大的空间可以提升，增强慈善组织信息反馈率能提升捐赠者对慈善组织的信任，也会提升其再次捐赠的可能性。

表3-24 慈善信息反馈情况

慈善信息反馈情况	频数	频率（%）	累积频率（%）
全部收到	58	9.54	9.54

续表

慈善信息反馈情况	频数	频率（%）	累积频率（%）
大部分收到	116	19.08	28.62
一半	63	10.36	38.98
少部分	160	26.32	65.30
从没有	211	34.70	100.00
合计	608	100.00	

（7）慈善沟通描述性统计结果

从表3-25可以看出，慈善组织沟通的整体得分不高，没有达到中间分数3分。因此，在与捐赠者沟通上，慈善组织还有很大的发展空间。在分项目上，仅有提供了明确的信息这一项，刚刚达到3分。从总体得分情况上看，我国慈善组织在沟通上做得不好，需要在这个方面做出更多的努力来提升慈善组织的自身沟通能力。

表3-25　慈善组织沟通的平均值与标准差

项目	M	SD
提供了充足的、所喜欢的信息	2.94	0.84
非常了解我的投资正在发生什么	2.89	0.88
提供了明确的信息	3.03	0.90
慈善沟通	2.95	0.73

表3-26进一步对慈善沟通在各个项目上的人数与百分数的分布情况进行分析，发现持中立态度的超过47%，而表示比较同意和非常同意的仅有20%左右，持反对意见的超过20%。这表明我国慈善组织在沟通方面做得并不好，沟通效果也不令人满意。值得关注的是由于有47%的人持有中立态度，这表明有近五成个体对慈善组织的沟通是持有中立立场的，如果慈善组织能积极改善沟通，给捐赠者提供丰富

的、明确的反馈信息，这一部分人极有可能会转变为积极态度。

表3－26　慈善沟通问卷人数与频数分布表

项目	非常不同意	不太同意	一般	比较同意	非常同意
提供了充足的、所喜欢的信息	18	156	298	115	21
	2.96%	25.66%	49.01%	18.91%	3.45%
非常了解我的投资正在发生什么	32	152	296	105	23
	5.26%	25.00%	48.68%	17.27%	3.78%
提供了明确的信息	30	120	291	137	30
	4.93%	19.74%	47.86%	22.53%	4.93%

（8）慈善组织公信力描述性统计分析结果

表3－27显示慈善组织公信力在能力信任、正直信任和善心信任三个维度上的得分均超过3分，但尚未达到4分，其中正直信任得分偏低，仅有3.15分，刚刚超出中间分3分，说明人们对慈善组织的正直信任水平并不高。慈善组织公信力整体水平为3.31，还有很大提升空间。

表3－27　慈善组织公信力现状的描述性统计分析

维度	M	SD
能力信任	3.37	0.69
正直信任	3.15	0.76
善心信任	3.36	0.73
慈善公信力总分	3.31	0.66

进一步分析各个项目上的人数与百分数，由表3－28可以看出，在慈善组织公信力评价中，能力信任方面，个体持中立态度的占比44%—52%，仅有三至四成的个体对慈善组织的能力是比较满意的。

在正直信任方面，持中立态度的占比50%左右，仅有二至三成的个体对慈善组织的正直比较满意或很满意。在善心信任方面，持中立态度的有43%—47%，有四成以上的个体对慈善组织的善心比较满意或非常满意。综上所述，可以看出，捐赠者对慈善的善心的满意度更高，而对正直的满意度最低，能力的满意度居中。因此，慈善组织在提升自身公信力时应有针对性地提升公众对自身的正直信任，可以有针对性地加强慈善组织人员的清明廉洁，惩戒工作人员的贪污受贿。提升慈善组织决定的公正性，更加公平公正地对受捐赠者进行善款捐赠。

表3－28 慈善组织公信力持有不同态度的人数与百分数

项目	非常不同意	不太同意	一般	比较同意	非常同意
慈善组织进行的慈善活动都取得了很好的效果	11	72	311	175	39
	1.89%	11.84%	51.15%	28.78%	6.41%
慈善组织的专业化水平能胜任它的角色	5	50	282	219	52
	0.82%	8.22%	46.38%	36.02%	8.55%
慈善组织出现问题时，能及时追究	18	88	270	189	43
	2.96%	14.47%	44.41%	31.09%	7.07%
慈善组织人员清明廉洁，没有贪污受贿	29	139	298	110	32
	4.77%	22.86%	49.01%	18.09%	5.26%
慈善组织的决定很公正	12	89	309	160	38
	1.97%	14.64%	50.82%	26.32%	6.25%
慈善组织能公平公正地对受捐赠者进行善款捐赠	8	66	309	186	39
	1.32%	10.86%	50.82%	30.59%	6.41%
慈善组织在开展慈善活动前能充分调研，了解弱势群体的需求	11	47	263	238	49
	1.81%	7.73%	43.26%	39.14%	8.06%

续表

项目	非常不同意	不太同意	一般	比较同意	非常同意
慈善组织在捐赠物品与善款时能充分考虑到受捐者的心理感受	11	52	291	206	48
	1.81%	8.55%	47.86%	33.88%	7.89%
慈善组织能以提升受捐者的自助能力为目的开展慈善活动	10	52	274	215	57
	1.64%	8.55%	45.07%	35.36%	9.38%

3.5.5 各研究变量的相关分析

(1) 普遍信任与慈善组织公信力的相关分析

由表3-29可知，普遍信任与慈善组织公信力的各维度均呈显著的正相关关系，普遍信任与能力信任、正直信任和善心信任的相关均达到显著水平。即普遍信任越高，能力信任、正直信任和善心信任也越高，反之，亦然。

表3-29 普遍信任与慈善组织公信力的相关分析

		能力信任	正直信任	善心信任
普遍信任	Pearson 相关	0.372^{**}	0.335^{**}	0.335^{**}
	Sig	***	***	***
	N	608	608	608

注：* 表示在0.05水平（双侧）上显著相关，** 表示在0.01水平（双侧）上显著相关，*** 表示在0.001水平（双侧）上显著相关。

（2）媒体认知与慈善组织公信力的相关分析

由表3－30可知，媒体认知与慈善组织公信力的各维度均呈显著正相关关系，媒体认知与能力信任、正直信任和善心信任的相关值分别为0.518，0.485和0.460，均达到显著水平。即媒体认知越高，能力信任、正直信任和善心信任也越高，反之，亦然。

表3－30　媒体认知与慈善组织公信力的相关分析

		能力信任	正直信任	善心信任
媒体认知	Pearson 相关	0.518**	0.485**	0.460**
	Sig	***	***	***
	N	608	608	608

注：** 表示在0.01水平（双侧）上显著相关，*** 表示0.001水平（双侧）上显著相关。

（3）机会主义感知与慈善组织公信力的相关分析

从表3－31可以看出机会主义感知与慈善组织公信力的各维度均呈显著负相关关系，机会主义感知与能力信任、正直信任和善心信任的相关值分别为－0.099，－0.084和－0.087，均达到显著的水平。即机会主义感知越高，能力信任、正直信任和善心信任就越低。机会主义感知越低，能力信任、正直信任和善心信任就越高。

表3－31　机会主义感知与慈善组织公信力的相关分析

		能力信任	正直信任	善心信任
机会主义感知	Pearson 相关	－0.099*	－0.084*	－0.087*
	Sig	0.015	0.039	0.032
	N	608	608	608

注：* 表示在0.05水平（双侧）上显著相关。

（4）慈善沟通与慈善组织公信力的相关分析

由表3－32可知，慈善沟通与慈善组织公信力的各维度均呈显著正相关关系，慈善沟通与能力信任、正直信任和善心信任的相关值分别是0.450，0.477和0.415，均达到显著水平。即慈善组织的慈善沟通越好，公众对慈善组织的能力信任、正直信任和善心信任也越高，反之，亦然。

表3－32　慈善沟通与慈善组织公信力的相关分析

		能力信任	正直信任	善心信任
慈善沟通	Pearson 相关	0.450**	0.477**	0.415**
	Sig	***	***	***
	N	608	608	608

注：**表示在0.01水平（双侧）上显著相关，***表示在0.001水平（双侧）上显著相关。

（5）慈善效能感与慈善组织公信力的相关分析

从表3－33可以看出，慈善效能感与慈善组织公信力的各维度均呈显著正相关关系，慈善效能感与能力信任、正直信任和善心信任的相关值分别是0.337，0.274和0.334，均达到显著水平。即慈善效能感越高，公众对慈善组织的能力信任、正直信任和善心信任也越高。慈善效能感越低，公众对慈善组织的能力信任、正直信任和善心信任也越低。

表3-33 慈善效能感与慈善组织公信力的相关分析

		能力信任	正直信任	善心信任
慈善效能感	Pearson 相关	0.337**	0.274**	0.334**
	Sig	***	***	***
	N	608	608	608

注：**表示在0.01水平（双侧）上显著相关，***表示在0.001水平（双侧）上显著相关。

（6）慈善认知与慈善组织公信力的相关分析

从表3-34可以看出，慈善认知与慈善组织公信力的各维度均呈显著负相关关系，慈善认知与能力信任、正直信任和善心信任的相关值分别是-0.205，-0.159和-0.109，均达到显著水平。即慈善认知越高，公众对慈善组织的能力信任、正直信任和善心信任越低。慈善效能感越低，公众对慈善组织的能力信任、正直信任和善心信任就越高。之所以会出现这个现象，主要是因为本研究中，慈善认知主要测量的是慈善组织的知晓度，可能的原因是人们知晓的慈善组织愈多，表明他们在日常生活中对慈善领域的关注较多，对慈善有更多的了解。我国近年来慈善危机事件频发，这些事件无疑给关注慈善的人们带来了较多消极影响，因此他们会倾向于认为慈善组织公信力低。而相反，那些在日常生活中较少关注慈善的人们，他们对慈善的认知主要来自他们对慈善事业理论上的理解，由于他们对慈善事件关注少，慈善危机事件自然对他们造成的影响也更小。因此对慈善认知度较低的人反而倾向于认为慈善组织公信力较高。

表 3-34 慈善认知与慈善组织公信力的相关分析

		能力信任	正直信任	善心信任
慈善效能感	Pearson 相关	-0.205**	-0.159**	-0.109**
	Sig	***	***	***
	N	608	608	608

注：**表示在0.01 水平（双侧）上显著相关，***表示在0.001 水平（双侧）上显著相关。

3.5.6 结构方程与路径分析

（1）路径分析

本研究在最初做路径分析时，把普遍信任、慈善沟通、机会主义感知、媒体认知、慈善效能感和慈善认知均代入模型，结果发现慈善认知的方差不显著，说明违犯了估计，因此在模型中需要去除慈善认知这一变量。这一结果并没有支持假设 2（慈善组织认知与慈善组织公信力有正向相关关系），说明假设 2 不成立。在本研究中慈善认知仅仅局限于慈善组织的知晓度，并没有充分反映出个体对慈善组织形象、慈善行为、慈善管理等方面的认知，因此这可能是导致慈善认知并不显著影响慈善组织公信力的重要原因。因此本研究去除了慈善认知，只保留了普遍信任、机会主义感知、慈善沟通、慈善效能感、媒体认知和慈善组织公信力，建立新的模型。

由表 3-35 可见结构模型的拟合度指标均较好，χ^2/df 为 1.790，CFI 为 0.912，TLI 为 0.902，均大于 0.90，这表明模型拟合得好。RMSEA 为 0.051，SRMR 为 0.060，两个指标均小于 0.08，这两个指标也表明模型拟合良好。

表3-35　模型拟合度指标

拟合度指标	关键值	模型指标	符合
χ^2	越小越好	743.587	符合
Df	越大越好	416	符合
χ^2/df	介于1到3之间	1.790	符合
CFI	>0.90	0.912	符合
TLI	>0.90	0.902	符合
RMSEA	<0.08	0.051	符合
SRMR	<0.08	0.060	符合

从表3-36可以看出，普遍信任对慈善组织公信力的标准化路径系数为0.125，对应的p值在0.05水平上达到显著，表明普遍信任对慈善组织公信力有显著的正向影响，即公众的普遍信任越高，对慈善组织的公信力评价也越高，因此假设3（普通信任与慈善组织公信力有正向相关关系）获得支持。媒体认知对慈善组织公信力的标准化路径系数为0.142，对应的p值未达到显著水平，表明媒体认知对慈善组织公信力没有显著的影响。因此假设4（媒体认知与慈善组织公信力有正向相关关系）没有获得支持。机会主义感知对慈善组织公信力的标准化路径系数为-0.265，对应的p值在0.001水平上达到显著，表明机会主义感知对慈善组织公信力有显著的负向影响，即公众对慈善组织的机会主义感知越高，则对慈善组织的公信力评价就越低。假设5（机会主义感知与慈善组织公信力有负向相关关系）获得支持。慈善效能感对慈善组织的公信力的标准化路径系数为-0.095，对应的p

值大于0.05，说明慈善效能感对慈善组织公信力的影响不显著。因此，假设6（慈善效能感与慈善组织公信力有正向相关关系）没有获得支持。慈善沟通对慈善组织公信力的影响值标准化路径系数为0.675，对应的p值在0.001水平上达到显著，表明慈善沟通对慈善组织公信力有显著的正向影响，即慈善组织的慈善沟通做得越好，则公众对慈善组织的公信力评价也就越高。假设7（慈善沟通与慈善组织公信力有正向相关关系）获得支持。慈善组织公信力的 R^2 为0.646，表明普遍信任、媒体认知和机会主义感知对慈善组织公信力的解释率达到64.6%。

表3－36　研究模型假设分析

DV	IV	Estimate	S. E	Est. /S. E.	P－Value	R^2	Hypothesis
慈善组织公信力	普遍信任	0.125	0.025	2.033	0.042	0.646	成立
	媒体认知	0.142	0.009	1.576	0.115		不成立
	机会主义感知	－0.265	0.031	－8.557	***		成立
	慈善效能感	－0.095	0.060	－1.576	0.115		不成立
	慈善沟通	0.675	0.078	8.606	***		成立

注：***表示 $p<0.001$。

（2）中介效应检验

根据本研究假设，为了进一步检验慈善沟通的中介效应，使用Mplus进行中介模型的检验。用Bootsrap1000的方法检验置信区间是否包括0，如果置信区间不包括0则表明中介效应显著，而包括0则表明中介效应不显著。具体的检验结果见表3－37。

表 3 – 37 中介效应检验结果(间接效应)

路径	Point Estimate	Product of Coefficients			BOOTSTRAP 1000 TIMES 95% CI				Hypothesis
					Bias correced		percentile		
		S. E.	Est. /S. E.	P – Value	Lower	Upper	Lower	Upper	
TR→COMM→CRED	0. 331	0. 092	3. 593	***	0. 177	0. 551	0. 150	0. 509	成立
COCN→COMM→CRED	0. 799	0. 271	2. 947	0. 003	0. 355	1. 432	0. 366	1. 476	成立
OC→COMM→CRED	0. 114	0. 098	1. 171	0. 241	–0. 158	0. 255	–0. 188	0. 236	不成立
EFF→COMM→CRED	0. 234	0. 065	3. 575	***	0. 117	0. 376	0. 109	0. 362	成立

注:本表根据 Mplus 分析结果整理而成。Lower 表示置信区间下线,Upper 表示置信区间上线。***表示 $p < 0.001$。

表3－37的结果表明慈善沟通在普遍信任对慈善组织公信力的正向影响中的Bootstrap1000中介效应检验的标准估计值为0.331，在0.001水平上达到显著，其置信区间不包含0，为（0.177，0.551）。因此，假设8慈善沟通在普遍信任对慈善组织公信力的影响中起到中介作用获得支持。

慈善沟通在媒体认知对慈善组织公信力的正向影响中的Bootstrap1000中介效应检验的标准估计值为0.799，在0.01水平上达到显著，其置信区间不包含0，为（0.355，1.432）。因此，假设9慈善沟通在媒体认知对慈善组织公信力的影响中起到中介作用获得支持。即人们对媒体的认知越好，通过慈善沟通的效果也就越好，而且经过慈善沟通，人们对慈善组织的公信力评价就越高。

慈善沟通在机会主义感知对慈善组织公信力的正向影响中的Bootstrap 1000中介效应检验的标准估计值为0.114，没有达到显著水平，其置信区间包含0，为（－0.158，0.255）。因此假设10慈善沟通在机会主义感知对慈善组织公信力的影响中没有起到中介作用没有获得支持。

慈善沟通在慈善效能感对慈善组织公信力的正向影响中的Bootstrap1000中介效应检验的标准估计值为0.234，在0.001水平上达到显著，其置信区间不包含0，为（0.117，0.376）。因此假设11慈善沟通在慈善效能感对慈善组织公信力的影响中起到中介作用获得支持。

进一步检验慈善沟通在普遍信任对慈善组织公信力的影响中的中介效应是部分中介还是完全中介（见图3－12）。由于慈善沟通的中介效应值为ab＝0.234，是显著的，而直接效应c’＝0.125，不显著（p＞0.05），因此慈善沟通为完全中介变量。上图表明，慈善沟通在

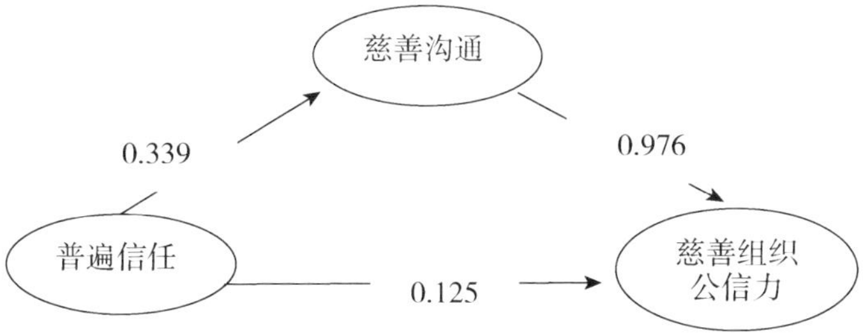

图 3－12　慈善沟通在普遍信任和慈善组织公信力的中介作用的路径图

普遍认知对慈善组织公信力的影响过程中起完全中介作用，即普遍认知是完全通过慈善沟通来影响人们对慈善组织公信力的评价的。

进一步检验慈善沟通在媒体认知对慈善组织公信力的影响中的中介效应是部分中介还是完全中介（见图 3－13）。由于慈善沟通的中介效应值为 ab = 0.799，是显著的，而直接效应 c' = 0.215，不显著（$p > 0.05$），因此慈善沟通为完全中介变量。下图表明，慈善沟通在媒体认知对慈善组织公信力的影响过程中起完全中介作用，即媒体认知是完全通过慈善沟通来影响人们对慈善组织公信力的评价的。

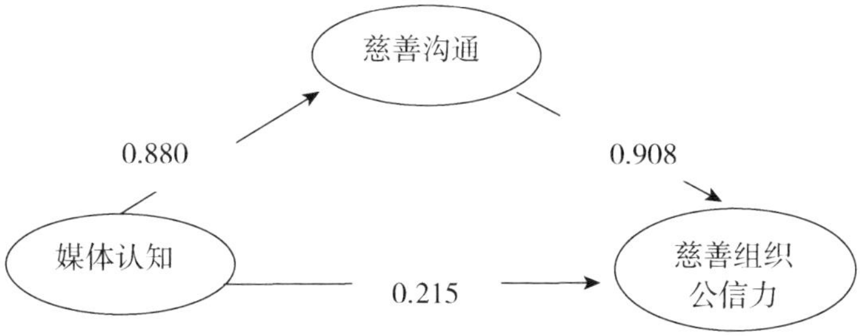

图 3－13　慈善沟通在媒体认知和慈善组织公信力的中介作用的路径图

进一步检验慈善沟通在慈善效能感对慈善组织公信力的影响中的中介效应是部分中介还是完全中介（见图 3－14）。由于慈善沟通的中介效应值为 ab = 0.331，是显著的，而直接效应 c' = 0.032，不显著（$p > 0.05$），因此慈善沟通为完全中介变量。下图表明，慈善沟通在慈善效能感对慈善组织公信力的影响过程中起完全中介作用，即慈善效能感是完全通过慈善沟通来影响人们对慈善组织公信力的评价的。

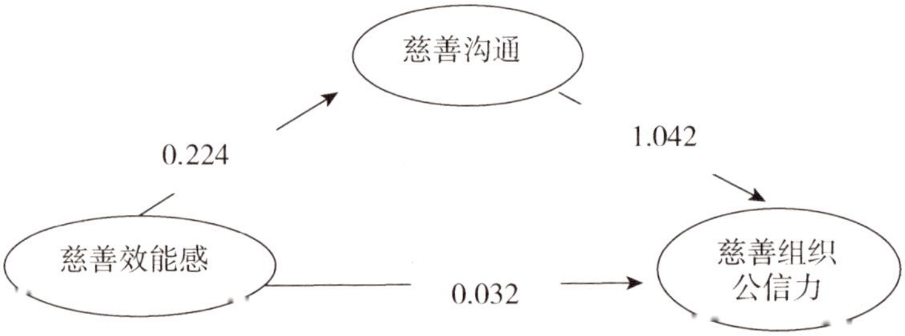

图 3－14 慈善沟通在慈善效能感和慈善组织公信力的中介作用的路径图

3.5.7 不同影响因素对慈善组织公信力的影响

（1）不同信任程度对慈善组织公信力的影响

把普遍信任以中间值 3 分为基点，3 分表示普遍信任度中等，低于 3 分表示信任度低，高于 3 分表示信任度高。从表 3－38 可以看出，持有低度普遍信任的人仅有 66 人，中度普遍信任的人有 91 人，高度普遍信任的人有 451 人，从人数对比上可以发现，人们普遍持有较高程度的普遍信任。从不同普遍信任度组的慈善组织公信力得分情况来看，随着普遍信任度的提高，公信力的得分也随之提高。高普遍信任组的慈善组织公信力得分最高，达到 3.42，中普遍信任组次之，平均分有 3.05，低普遍信任组的公信力得分最低，仅有 2.93。

表3-38 不同普遍信任组的慈善组织公信力情况分析

普遍信任度	N	百分比（%）	M	SD
低	66	10.86	2.93	0.80
中	91	14.97	3.05	0.54
高	451	74.18	3.42	0.63

进一步分析不同普遍信任组之间是否存在差异，多元方差分析表明组间差异显著，$F=26.02$，$p<0.01$。

进行事后多重比较发现（见表3-39），高普遍信任组的慈善组织公信力的得分显著高于低普遍信任组（$p<0.001$）、中普遍信任组（$p<0.001$）。

表3-39 不同普遍信任度组的慈善组织公信力评价的多重比较

普遍信任度	Mean Difference（I-J）	Std. Error	p
低-中	-0.12	0.10	0.49
低-高	-0.49	0.08	***
中-高	-0.37	0.07	***

注：***表示$p<0.001$，下同。

（2）媒体认知对慈善组织公信力的影响

把媒体认知得分根据不同分数进行分组，以中间值3分为基点，3分表示媒体认知中等，低于3分为媒体认知低组，高于3分为媒体认知高组。从表3-40可以看出，媒体认知低组有90人，中等组有154人，高组有364人，总体上人们在媒体认知得分的人数分布上呈现出递增趋势，即低组人数最少，随着媒体认知分数的提升，人数随之增加。对媒体认知较好的人数占比较高，为59.87%。从不同媒体认知组的公信力得分情况来看，随着人们媒体认知的提升，人们对慈善组织公信力的评价也随之提升。媒体认知低组的慈善公信力得分最低，均分仅有2.78。中等组的慈善公信力得分次之，平均得分有3.10分。媒体认知高组对慈善组织公信力评价最高，平均得分有3.53分。

表3-40 不同媒体认知组的慈善组织公信力情况分析

媒体认知组	N	百分比（%）	M	SD
低	90	14.80	2.78	0.66
中	154	25.33	3.10	0.49
高	364	59.87	3.53	0.62

进一步分析不同媒体认知组之间是否存在差异，多元方差分析表明组间差异显著，$F=70.12$，$p<0.01$。这表明媒体认知显著影响慈善组织公信力。进行各组间的多重比较发现（见表3-41），媒体认知高分组的慈善公信力得分显著高于低分组和中间组（$p<0.001$，$p<0.001$），中间组的慈善组织公信力得分显著高于低分组（$p<0.001$）。

表3-41 不同媒体认知组的慈善组织公信力评价的多重比较

媒体认知组	Mean Difference（I-J）	Std. Error	p
高-低	0.75	0.70	***
高-中	0.43	0.57	***
中-低	0.33	0.79	***

（3）机会主义感知对慈善组织公信力的影响

把机会主义感知以中间值3分为基点，3分表示机会主义感知度中等，低于3分表示机会主义感知低，高于3分表示机会主义感知度高。从表3-42可以看出，持有高机会主义感知的人有195人，中度机会主义感知的人有131人，低机会主义感知的有282人。从不同慈善机会主义感知组的慈善组织公信力得分情况来看，高机会主义感知的人对慈善组织公信力的评价最低，均分只有 3.12。中等机会主义感知的人对慈善组织公信力的评价次之，平均得分有 3.29 分。低机会主义感知的人对慈善组织公信力的评价最高，平均得分有 3.42 分。

表 3-42　不同机会主义感知度组的慈善组织公信力情况分析

机会主义感知度	N	百分比（%）	M	SD
高	195	32.07	3.12	0.75
中	131	21.55	3.29	0.50
低	282	46.38	3.42	0.64

进一步分析不同机会主义感知组之间是否存在差异，多元方差分析表明组间差异显著，$F = 9.24$，$p < 0.01$。这表明机会主义感知显著影响慈善组织公信力。

进行事后多重比较发现（见表 3-43），高机会主义感知组得分显著低于中等机会主义感知组和低机会主义感知组（$p < 0.05$，$p < 0.01$），中等机会主义感知组的慈善组织公信力得分显著低于低机会主义感知组（$p < 0.05$）。

表 3-43　不同机会主义感知度组的慈善组织公信力多重比较

机会主义感知度	Mean Difference（I-J）	Std. Error	p
高-中	-0.16	0.74	0.03
高-低	-0.13	0.06	0.03
中-低	-0.29	0.07	***

（4）慈善效能感对慈善组织公信力的影响

把慈善效能感知得分根据不同分数进行分组，以中间值 3 分为基点，3 分表示慈善效能感知中等，低于 3 分表示低慈善效能感知组，高于 3 分表示高慈善效能感知组。从表 3-44 可以看出，低慈善效能感知组有48人，中等组有34人，高组有526人，总体上人们在慈善效能感知的得分人数分布主要集中在高慈善效能感知组，占比86.51%，说明人们的慈善效能感知较好。从不同组的公信力得分情况来看，呈现中间低，两头高的趋势。中等慈善效能感知组的慈善公信力得分最低，均分为2.94。低慈善效能感知组的慈善公信力得分次之，平均得分有3.05分。高慈善效能感知组对慈善组织公信力评价最高，平均得分有3.31分。

表3-44 不同慈善效能感组的慈善组织公信力情况分析

慈善效能感知度	N	百分比（%）	M	SD
低	48	7.89	3.05	0.92
中	34	5.59	2.94	0.54
高	526	86.51	3.31	0.66

进一步分析不同慈善效能感组之间是否存在差异，多元方差分析表明组间差异显著，$F=10.60$，$p<0.01$。这表明媒体认知显著影响慈善组织公信力。进行各组间的多重比较发现（见表3-45），高慈善效能感组的慈善公信力得分显著高于低慈善效能感组和中等慈善效能感组（$p<0.001$，$p<0.001$）。而中等慈善效能感组与低慈善效能感组在慈善公信力上的得分不显著（$p>0.05$）。

表3-45 不同慈善效能感组的慈善组织公信力评价的多重比较

慈善效能感知度	Mean Difference（I-J）	Std. Error	p
高-低	0.30	0.98	***
高-中	0.42	0.11	***
中-低	-0.12	0.15	0.42

（5）慈善沟通对慈善组织公信力的影响

把慈善沟通根据不同分数进行分组，以中间值3分为基点，3分表示中等沟通，低于3分表示低度沟通，高于3分表示高度沟通。从表3-46可以看出，低度沟通组有226人，中度沟通组有197人，高度沟通组有185人，总体上可以看出，人们对慈善组织的慈善沟通评价呈现出均分的状态，即高、中、低慈善沟通组的人数占比基本持平，各占三成以上。从不同慈善沟通组的公信力得分情况来看，随着慈善组织沟通程度的提升，人们对慈善组织公信力的评价随之提升。低慈善沟通组的慈善公信力得分最低，均分只有3.05。中等慈善沟通组的慈善公信力得分次之，平均得分有3.18分。高慈善沟通组对慈善组织公信力的评价最高，平均得分有3.76分。

表3-46 不同慈善沟通组的慈善组织公信力情况分析

慈善沟通程度	N	百分比（%）	M	SD
低	226	37.17	3.05	0.63
中	197	32.40	3.18	0.52
高	185	30.43	3.76	0.60

进一步分析不同慈善沟通组之间是否存在差异，多元方差分析表明组间差异显著，$F=79.02$，$p<0.01$。这表明慈善沟通显著影响慈善组织公信力。进行各组间的多重比较发现（见表3-47），高慈善沟通组的慈善公信力得分显著高于低慈善沟通组和中等慈善沟通组（$p<0.01$，$p<0.01$），中等慈善沟通组的慈善组织公信力得分显著高于低等慈善沟通组（$p<0.01$）。

表 3－47 不同慈善沟通组的慈善组织公信力评价的多重比较

机会主义感知度	Mean Difference（I－J）	Std. Error	p
高－低	0.70	0.58	***
高－中	0.57	0.60	***
中－低	0.13	0.57	***

3.5.8 慈善危机事件对慈善组织公信力的影响

慈善危机事件对慈善组织的公信力会产生一定的影响，这一观点已经在学界得到了一致的认可。但是目前研究还存在争议的地方是到底影响会持续多久，这种影响是否一定是负面的、消极的。近年来“郭某美事件”是我国慈善事业中最大的慈善危机事件，一项关于该事件的影响调查发现大多的网友表示不会再给红十字会捐款（陈东利，2012）。一项网络调查发现，在被调查的1460人中，有62.26%的人认为“中国慈善机构的公益性令人怀疑”是导致中国慈善落后的主要原因（刘亚娜，2008）。可以看出一些慈善危机事件的发生让人们对中国慈善事业的公信力产生了质疑，这严重威胁着我载国慈善事业的健康发展。当然，也应该看到有一些研究结果有不同的发现，如石蒙蒙（2013）的研究发现尽管慈善危机事件对慈善公信力有一定的影响，但是大多数民众对慈善事业的发展仍持有较为理性的积极态度。有78.2%的民众表示在慈善危机事件后，如果慈善组织愿意做出改变，他们仍会对慈善组织抱有信心（陈东利，2012）。那么，慈善危机事件到底对慈善公信力有怎样的影响？本研究首先调查了公众对慈善危机事件的知晓度（见表3－48），接着调查了慈善危机事件对慈善组织公信力的损害，对比了慈善危机事件前后公众对慈善组织公信力的评价。其次，进一步了解了不同的违背归因对慈善组织公信力的影响。最后，调查了慈善组织信任受损的情况，包括公众后续捐赠行为的可能性。

表3－48 公众对慈善危机事件知晓度

慈善组织	了解		不了解	
	人数	百分比	人数	百分比
深圳罗某事件	132	21.71%	476	78.29%
杨某斤事件	82	13.49%	526	86.51%
“助学达人”性侵事件	214	35.20%	394	64.80%
施某会募捐置顶事件	82	13.49%	526	86.51%
郭某美事件	511	84.05%	97	15.95%
某省宋庆龄基金会事件	164	26.97%	444	73.03%

从表3－48可以看出，在较为典型的六个慈善危机事件中，郭某美事件的知晓度最高，有84.05%的人认为自己了解这个事件，而对于其他慈善危机事件公众的知晓度并不太高，知晓度在13%—27%。一方面说明了郭某美事件对公众的影响很大，传播很广。另一方面也表明，社会公众在关注慈善事业时，并非把主要目光放在消极的危机事件上。在被问及“是否会持续关注负面新闻”时，有260人（42.76%）选择会持续关注，有348人（57.24%）选择不会。这也印证了慈善危机事件的社会知晓度不高，可能因为有许多社会公众对慈善负面新闻并不会持续关注。

本研究在时间节点上选取了两个不同的典型慈善危机事件，一个是郭某美事件，另一个是深圳罗某事件。表3－49表明有67.11%的人认为郭某美事件对慈善公信力的影响达到或超过了中间值 3 分，有 77.13% 的人认为深圳罗某事件对慈善公信力的影响达到或超过了中间值 3 分。因此，可以说社会公众普遍认为慈善危机事件对慈善组织公信力的影响是较大的。

表 3－49 典型网络慈善事件对慈善公信力的影响

项目		无影响	影响较小	一般	影响较大	非常影响
郭某美事件	人数	32	168	147	215	46
	百分比	5.26%	27.63%	24.18%	35.36%	7.57%
深圳罗某事件	人数	35	104	335	114	20
	百分比	5.76%	17.11%	55.13%	18.75%	3.29%

为了进一步明确在慈善危机事件前后不同的时间节点上，公众对慈善组织的信任的变化，我们从慈善组织公信力的三维成分上做了进一步的细致分析。从上表 3－50 可以看出，危机事件后捐赠者的能力信任、正直信任和善心信任均低于危机事件前，说明慈善危机事件对捐赠者的信任产生了一定的影响。进一步配对样本 T 检验发现，慈善危机事件显著地降低了捐赠者对慈善组织的能力信任（$t = 10.16$，$p < 0.01$）、正直信任（$t = 8.62$，$p < 0.01$）和善心信任（$t = 8.90$，$p < 0.01$）。

表 3－50 慈善危机事件前后的慈善组织公信力对比

项目	危机事件前		危机事件后		t	p
	M	SD	M	SD		
能力信任	3.55	0.78	3.23	0.83	10.16	***
正直信任	3.66	0.77	3.32	0.86	8.62	***
善心信任	3.59	0.79	3.39	0.86	8.90	***

在本研究的文献综述部分表2-1已经表明了不同的违背类型在信任修复效果上会有明显差异。那么在慈善信任领域内，是否会印证这一观点，还是会有新的发现。表3-51显示了不同信任违背归因对慈善组织公信力的影响。从上表可以看出有过半数的人认为能力违背、正直违背和善心违背会对慈善组织公信力产生较为严重的影响。如果把一般影响这个选择计算在内，则有80%的人认为能力违背、正直违背和善心违背会对慈善信任产生消极影响。这表明任何一种违背类型的归因均会对慈善组织公信力产生消极影响。

表3-51 信任违背归因对慈善组织公信力的影响

项目		1	2	3	4	5
能力违背	人数	5	33	226	276	68
	百分比	0.82%	5.43%	37.17%	45.39%	11.18%
正直违背	人数	8	17	209	238	136
	百分比	1.32%	3.80%	34.38%	39.14%	22.36%
善心违背	人数	7	23	228	211	139
	百分比	1.15%	3.78%	37.50%	34.70%	22.86%

注：1表示非常不同意，2表示不太同意，3表示一般，4表示比较同意，5表示非常同意。

从表3-52的描述性统计分析可以看出，个体不同的信任违背归因对慈善组织公信力有较大的影响，均值均超过中间值3分甚至超过了3.50分。

表 3－52　信任违背归因对慈善组织公信力影响的描述性统计分析

项目	M	SD
能力违背	3.60	0.79
正直违背	3.78	0.87
善心违背	3.74	0.89

表 3－53 展示了慈善危机后捐赠者对慈善组织信任受损的情况。可以看出社会公众普遍认为慈善危机事件对慈善信任造成了一定的影响，但这种影响的程度并不高，属于中等程度，均分仅有 3.12 分。危机事件对捐赠者身份有一定的影响，但是影响并不大，这种影响并未超过中间值 3 分。尽管发生了慈善危机事件，而且慈善危机事件对慈善组织的公信力产生了一定的影响，但是社会公众还是对慈善事业发展持有理性的、积极的态度。当被问及“你以后是否会继续对慈善组织捐赠”时，社会公众在可能性的得分上均高于中间值 3 分，均分达到了 3.29。这一研究发现与石蒙蒙的研究（2013）发现较为一致。他的研究也发现社会公众尽管认为慈善危机事件危及了慈善组织的公信力，但是仍认为只要慈善组织愿意改变，他们仍会给慈善组织捐赠。这表明我国潜在的捐赠者对慈善组织和慈善事业发展持有理性的、乐观的、积极的信念，他们捐赠的动机更多地来自内部的道德因素，而非受限于外部因素。

表 3－53　慈善危机事件对慈善公信力、捐赠者身份和捐赠行为的影响

项目	危机事件后 M	SD
对慈善公信力的影响	3.12	0.99
对捐赠者身份的影响	2.89	1.03
捐赠行为可能性	3.29	0.96

第 4 章

慈善组织公信力修复与重建的路径选择

当慈善危机事件发生后，慈善组织应立即展开相应的信任修复行为来维护组织的积极形象，修复公众的信任，重建慈善组织的公信力。已有研究表明不同的信任修复策略会产生不同的修复效果，总体上来说，行为策略的修复效果要好于口头策略的修复效果（秦安兰，2018）。在本章慈善组织公信力修复与重建的路径选择中，首先探讨了不同修复策略对慈善组织公信力重建的影响。其次，调查分析了慈善组织公信力重建的可能路径及其效果。最后，刻画了值得信任的慈善组织形象。

4.1 不同修复策略对慈善组织公信力重建的影响

在修复策略的选择上，本研究根据已有文献和前期的访谈调查，选取了否认、道歉、赔偿、披露真相、弥补错误和承诺这些典型的修复策略。表 4 – 1 显示了不同修复策略在修复效果上的人数分布与百分比情况。综合对比，公众对否认的修复策略持有的态度较为消极，有高达 44.90% 的公众认为否认策略不会有效果，认为有效果的仅占

19.90%。可见，大多数人对否认修复策略持消极态度，并认为否认不会带来良好的信任修复效果。在道歉修复策略上，有45.88%的公众认为该策略会带来较好的修复效果，还有42.43%的公众持中立态度。这表明大多数人对道歉策略的修复效果还是持较为积极的态度。在慈善危机事件后，道歉是慈善组织必需的选择，之所以有高达42.43%的公众选择中立态度，这表明慈善组织是否真诚地道歉十分重要，如果慈善组织真诚道歉，这些持有中立态度的公众极有可能接受道歉，信任的修复效果会有很大的提升。赔偿策略上，有47.53%的公众对该策略的修复效果持肯定态度，认为赔偿的修复效果是较好的。还有42.43%的人持中立态度。在披露真相和弥补错误这两个修复策略上，有高达50%以上的人均认为这两种修复策略的修复效果好，说明这两种修复策略得到了社会公众的认可。承诺策略上，有38.81%的公众对该策略的修复效果持认可态度，倾向于认为承诺能较好地修复受损的公信力。总之，将公信力修复积极效果的人数占比由多到少排列分别是弥补错误、披露真相、赔偿、道歉、承诺、否认。可以看到弥补错误和披露真相的修复效果相对较好，而否认的修复效果最差。

表4-1 不同修复策略的修复效果分析

项目		1	2	3	4	5
否认	人数	219	50	258	238	41
	百分比	24.34%	20.56%	35.20%	14.97%	4.93%
道歉	人数	21	50	258	238	41
	百分比	3.45%	8.22%	42.43%	39.14%	6.74%
赔偿	人数	19	42	258	241	48
	百分比	3.13%	6.91%	42.43%	39.64%	7.89%

续表

项目		1	2	3	4	5
披露真相	人数	17	30	243	255	63
	百分比	2.80%	4.93%	39.97%	41.94%	10.36%
弥补错误	人数	10	34	218	273	73
	百分比	1.64%	5.59%	35.86%	44.90%	12.01%
承诺	人数	22	61	289	186	50
	百分比	3.62%	10.03%	47.53%	30.59%	8.22%

注：1 表示几乎没有效果，2 表示不太有效果，3 表示一般，4 表示效果较好，5 表示效果很好。

由表 4－2 可见，在主要的信任修复策略中，人们倾向于认为行为策略如赔偿、披露真相、弥补错误比口头修复策略的修复效果更好。修复效果由高到低排序如下：弥补错误、披露真相、赔偿、道歉、承诺、否认。可以看出否认的修复效果最差，弥补错误的修复效果最好。披露真相和弥补错误的得分均高于 3.5 分，我们命名该类修复策略为高修复效果类。而道歉、赔偿、承诺得分均在 3—3.5 分，属于中等修复效果类。而否认的得分在 2.5—3 分，属于低修复效果类。

表 4－2　不同修复策略的修复效果得分描述性统计分析

项目	M	SD
否认	2.56	1.15
道歉	3.38	0.86
赔偿	3.42	0.85
披露真相	3.52	0.85
弥补错误	3.60	0.82
承诺	3.30	0.89

4.2 慈善组织公信力重建的不同路径

在重建公信力方面，慈善组织有很多路径可以通达。那么到底哪种重建的路径修复效果更好？本研究就这一方面进行了调查。

我们使用五点量表来测量不同修复路径的修复效果，主要问题是"您觉得以下方法在提升公众对慈善组织的信任度方面效果如何？"计被试得对"慈善组织建立或完善规范""慈善组织惩罚相应的工作人员""慈善组织加强监督管理机制""慈善组织承担社会责任""慈善组织重塑组织形象"这五个路径进行修复效果的评分，结果如表4－3所示。

表4－3 不同的公信力重建路径的修复效果

项目		1	2	3	4	5
建立或完善规范	人数	3	20	194	290	101
	百分比	0.49%	3.29%	31.91%	47.70%	16.61%
惩罚	人数	5	27	208	267	101
	百分比	0.82%	4.44%	34.21%	43.91%	16.61%
加强监管机制	人数	3	14	162	273	156
	百分比	0.49%	2.30%	26.64%	44.90%	25.66%
承担社会责任	人数	4	13	164	280	146
	百分比	0.66%	2.30%	26.97%	46.05%	24.01%
重塑形象	人数	6	19	191	278	114
	百分比	0.99%	3.13%	31.41%	45.72%	18.75%

注：1表示几乎没有效果，2表示不太有效果，3表示一般，4表示效果较好，5表示效果很好。

从表4－3来看，建立或完善规范、惩罚、加强监管机制、承担社会责任和重塑形象这5条修复路径在修复效果上均较好，有超过60%的社会公众认为这5条路径均能取得较好的修复效果。进一步分析我们发现，加强监管机制的修复效果最好，有70.56%的人认为该条路径的修复效果好。建立或完善规范、承担社会责任、重塑形象、惩罚这四条路径的修复效果次之。由此我们可以得出，社会公众认为只要慈善组织在危机事件发生后，能积极主动地做出重建公信力的行动，那就会是好的修复路径。加强监管机制、建立或完善规范、承担社会责任、重塑形象、惩罚这5条路径均可以通达公信力的重建。

从表4－4的描述性统计分析可以看出，加强监管和承担社会责任这两个修复路径的效果最好，它们修复效果的得分均值均超过3.90分。而建立或完善规范、惩罚和重塑形象的修复效果也均高于3.70分。

表4－4　不同重建路径的修复效果均值与方差

项目	M	SD
建立或完善规范	3.77	0.78
惩罚	3.71	0.82
加强监管机制	3.93	0.81
承担社会责任	3.90	0.81
重塑形象	3.78	0.82

从表4－5可以看出，在慈善组织重建公信力需要加强的方面，有超过50%以上的人认为应提高工作透明度、提升从业人员的专业水平、改善机构设置、注重组织形象建设、提升知名人士参与情况、加强制度建设和进行危机公关。其中，有80%以上的人认为提升工作透明度、名人参与和加强危机公关是较好的选择。

表 4-5 慈善组织重建公信力需要加强的方面

项目	人数	百分比
从业人员专业水平	310	50.99%
机构设置	397	65.30%
工作透明度	521	85.69%
组织形象	411	67.60%
捐赠信息反馈	224	36.84%
知名人士参与情况	517	85.03%
制度建设	312	51.32%
自身能力建设	393	64.64%
危机公关	523	86.02%

从表 4-6 可以明显地看出，人们倾向于认为慈善组织专业化程度不高和媒体的负面报道是慈善组织公信力不高的主要原因，其中有 71.71% 的人选择专业化程度不高，有 62.34% 的人选择媒体负面报道，这两方面的选择人数占比均超过 60%。

表 4-6 慈善组织公信力不高的原因分析

项目		是	否
法律地位不明确	人数	290	318
	百分比	47.70%	52.30%
组织专业化程度不够	人数	436	172
	百分比	71.71%	28.29%
财务制度不健全	人数	149	459
	百分比	24.51%	75.49%
信息不对称	人数	242	366
	百分比	39.80%	60.20%

续表

项目		是	否
领导或组织成员的作风问题	人数	205	403
	百分比	33.72%	66.28%
媒体负面报道	人数	379	229
	百分比	62.34%	37.66%

4.3　值得信任的慈善组织形象刻画

为了进一步明确慈善组织公信力修复的目标，本研究进一步调查了值得信任的慈善组织需要具有的特征，详细勾勒出了值得信任的慈善组织的形象特征。本研究以一个开放式的问题展开了相关的调查，该问题是“你认为什么样的慈善组织是值得信任的，请简要描述一下能够让你信任的慈善组织应该具有的特征?”

被试者提及最多的特征是公开透明，这里公开透明包括信息的公开、财政公开透明、善款流向的透明等。提及公开透明这一特征的有 404 人次。此外，公正、平等、专业、廉洁、声誉好、能力强等方面也是值得信任的慈善组织的重要特征。可以看出社会公众对慈善组织的公开透明要求最高，认为值得信任的慈善组织首先要具有的重要特征就是公开透明。

第 5 章

讨论与分析

5.1 慈善组织公信力的结构

本研究证实了慈善组织公信力具有多维特征，并通过二阶因子分析证实了慈善组织公信力是由能力信任、正直信任和善心信任三个要素构成。该研究结论也支持了 Mayer（1995）的信任结构理论，这说明信任结构理论可以推广到慈善公信力领域。慈善组织公信力反映了公众对慈善组织的信任程度，主要反映了公众对慈善组织的能力信任、正直信任和善心信任。在慈善组织公信力的结构中，正直信任最为重要（其标准化路径系数为 0.922），其次为能力信任（其标准化路径系数为 0.919），最后是善心信任（其标准化路径系数为 0.893）。正直信任最重要，这说明慈善组织对捐赠者、受捐者、无利益相关者的诚信最为重要，这主要是由慈善组织的慈善使命和慈善属性决定的。慈善组织的正直、诚信最能赢得人们的信任。其次，慈善组织的能力信任也十分重要，如果人们相信慈善组织具有较高的能力，如筹款能力、管理能力、服务能力等，人们会倾向于认为慈善组织是值得信任的，因此会促使人们对慈善组织公信力评价较高。最后善心信任对慈善组织公信力也很重要，慈善组织不同于其他社会组织的关键之处在于其善的使命，如果慈善组织能履行自己的慈善使命，捐赠者就会对其善心信任给予较高评价，自然也会对慈善组织的公信力评价较高。

5.2　影响慈善组织公信力的主要因素

本研究发现影响慈善组织公信力的主要因素有普遍信任、媒体认知、机会主义感知、慈善效能感、慈善沟通，同时探明了普遍信任、媒体认知、慈善效能感影响慈善组织公信力的内部机制，即这三个因素都是通过慈善沟通的中介作用间接影响了慈善组织公信力。

5.2.1　普遍信任对慈善组织公信力的影响及其内部机制

本研究证实了普遍信任对慈善组织公信力有正向影响，它通过慈善沟通间接影响慈善组织公信力。本研究结果支持已有研究结论，如石国亮（2014）的实证研究也发现慈善组织公信力的重要影响因素之一是普遍信任，即普遍信任越高的人对慈善组织的公信力评价就越高。这主要是因为现代社会是一个陌生人社会，陌生人之间的普遍信任对社会的良性运转十分重要。普遍信任反映了一个社会中公众对陌生人或整个制度环境的信任状况，一个社会普遍信任水平高，人们就越倾向于信任他人、机构、组织，对慈善的公信力评价也会较高。普遍信任是一种重要的社会资本，相关研究表明社会资本会影响人们的慈善参与（Brown & James，2007），人们能够参与慈善也是因为人们相信慈善组织。本研究的贡献在于不仅证实了普遍信任会对慈善组织公信力有显著影响，而且还拓展了已有研究，探明了普遍信任影响慈善组织公信力的内部机制。本研究发现普遍信任会通过慈善沟通这一中介间接影响慈善组织公信力。这表明普遍信任高的人需要与慈善组织进行沟通，需要慈善组织把自身的项目情况、财政状况、捐赠者资金走向、对捐赠者的感谢等方面及时而有效地反馈给人们，在接到有效信息反馈的情况下，普遍信任度高的人才会给予慈善组织公信力较高评价。

5.2.2 媒体认知对慈善组织公信力的影响及其内部机制

本研究发现媒体认知对慈善组织公信力有正向影响，这种正向影响是通过慈善沟通来实现的，即慈善沟通在媒体认知对慈善组织公信力的影响中起中介作用。当下人们生活在一个信息化的社会，日常生活中个体常常被各种媒体信息所裹挟。在各种媒体上传播的信息对社会成员的态度、价值观和社会认知均会产生一定程度的影响（Steven & Stacey，1997）。有 62.34% 的社会公众认为媒体负面报道是造成我国慈善组织公信力不高的主要原因。媒体的负面报道反映了慈善组织在成长过程中，整个社会环境尤其是媒体环境欠佳，媒体对慈善组织的负面报道过多，建设性的报道过少，导致人们容易形成我国慈善事业整体公信力不高的印象。可见媒体认知不高的个体，倾向于认为慈善组织公信力不高，反之亦然。本研究发现媒体认知并非直接对慈善组织公信力产生的影响，而是通过慈善沟通这一中介来产生影响。尤其当慈善危机事件发生后，慈善组织沟通变得尤为重要，甚至直接关乎慈善公信力是否会下降。如果在危机事件发生，媒体曝光危机事件后，慈善组织主动沟通，呈现事实，打破慈善组织与公众之间的信息不平衡，让公众有更多的知情权。同时，能通过道歉、补偿、制度重建等信任修复的策略，采用“先言后行”的沟通方式，将会极大地缩小公信力下降的范围。而且借由这个契机，让公众看到慈善组织的真诚，反而有可能重建或提升慈善组织的公信力。

就媒体认知本身而言，媒体的报道的真实性和披露性报道的得分较低，这表明公众对媒体的监督功能有较大的期待，只有有披露性并且真实的报道才能对慈善组织的运行起到监督作用，才能维护捐赠者和受捐者的利益，维护公众对慈善组织的信任。总之，媒体认知可以通过慈善沟通对慈善组织公信力产生正向影响。

5.2.3　机会主义感知对慈善组织公信力的影响

本研究结果表明机会主义感知直接负向影响慈善组织公信力，即那些对慈善组织机会主义感知越高的人，对慈善组织公信力评价越低。机会主义反映了组织的利己主义，自我利益导向，忽视他人利益的态度和行为。已有相关研究也表明机会主义感知对信任具有消极影响（Carter & Kauffmann，2007），它会显著地负向影响慈善组织的信任关系（MacMillan et al. 2005）。当人们对慈善组织的机会主义感知较高时，实际上也就是感受到该组织具有较高的不确定性和风险性，这必然会负向影响人们对慈善组织公信力的评价。实际上，捐赠者在进行捐赠时希望尽可能降低慈善组织的机会主义。慈善组织要通过制度建设、加强自身的信息透明度和第三方监管等方式来降低人们的机会主义感知，只有这样人们才会形成对慈善组织较高的公信力评价。

5.2.4 慈善效能感对慈善组织公信力的影响及其内部机制

慈善效能感是捐赠者对慈善的效能感知，本研究发现慈善效能感是通过慈善沟通来正向影响慈善组织公信力的。已有学者发现那些慈善效能感高的人，更愿意做出慈善行为（高志利，2011），石国亮（2014）进一步发现慈善效能感能正向影响慈善组织公信力。但已有研究并不清楚慈善效能感对慈善组织公信力产生影响的内在机理，本研究的贡献在于发现了慈善效能感是通过慈善沟通的中介作用正向影响慈善组织公信力的。本研究中的慈善效能感主要测量的是个人自我效能感，Giles（2004）的研究表明在影响献血慈善行为的因素，自我效能感对献血行为的影响最大，因此他建议机构或组织可以通过培训或模拟来提升捐赠者的自我效能感，同时自我效能感水平的提升也需要机构进行“有效运作”，提升服务质量。这里的有效运作其实就是一种积极而有效的沟通。同样，在本研究中我们发现人们的自我效能感并不能直接影响慈善组织的公信力，而是通过慈善沟通才能产生影响。

慈善组织如果善用沟通，及时有效地表达慈善组织的真诚，那么慈善效能感高的个体就会通过感知慈善组织的真诚、善意和行动力，形成对慈善组织公信力较高的评价。Giles（2004）的研究也表明了这一点。如果慈善组织想要提升公信力，可以通过信息沟通，增加自己的透明度和知晓度，让人们获悉如果进行捐赠可以产生的社会效果，尤其是在慈善沟通中如果能实施点对点、一对一的沟通，让每位捐赠者知道自己捐赠的善款去向，自己的爱心所产生的社会效益，这能让捐赠者产生较高的慈善自我效能感，捐赠者就会对慈善组织的公信力给予较高的评价。

5.2.5　慈善沟通对慈善组织公信力的重要影响

在影响慈善组织公信力的诸多因素中，慈善沟通的影响最大。而且慈善沟通在普遍信任、媒体认知、慈善效能感对慈善组织公信力的影响中起到了中介作用。可见，慈善沟通对慈善组织公信力具有重要的影响。

关于沟通与信任的关系，一些实验的研究表明，沟通是提升合作与信任最为重要的因素之一。如 Issaac 和 Walker（1988）研究发现，如果与人们先进行沟通，会促使人们更多地为公共福利做出贡献。Ben-Ner 和 Putterman（2009）通过实验发现沟通不仅可以增进合作，还可以提升人们之间信任。已有研究表明慈善沟通是慈善组织服务质量的重要体现，慈善组织通过有效、及时地与公众进行沟通，可以为人们提供资金流向信息和组织其他相关信息资源。人们在面对慈善组织这种开放、透明的沟通状态时很容易形成对慈善组织公信力的较高评价。Kennedy 等人（2001）研究也有相关的发现。Sargeant 和 Lee（2002）认为对那些对某一慈善组织第一次进行捐赠的捐赠者来说，慈善沟通尤为重要。慈善组织主动积极的沟通，会吸引潜在的捐赠者，当他们通过沟通形成了对慈善组织较高的公信力评价之后，会常常做出捐赠行为。在初始信任形成后，慈善组织的持续沟通与交流有助于帮助慈善组织形成与慈善捐赠者之间的长期关系（Daft& Lengel, 1986）。Anderson 等人研究也发现及时而有效地分享信息会促使信任的持续发展（Anderson &Narus, 1984）。美国慈善捐赠研究表明捐赠者不捐赠或停止捐赠的主要原因之一是沟通问题，如慈善组织没有及时感谢捐赠者，没有告诉捐赠者资金的使用情况，或者沟通不当等（Sargeant, 2001）。可见，慈善沟通在慈善组织和捐赠者之间起到至关重要的作用。如果慈善组织期待捐赠者给予其较高的评价，那么慈善组织就要对捐赠者进行积极、有效的沟通。与潜在的捐赠者之间的沟通和关系维护对慈善组织来说不仅是一门艺术，而且还是关乎慈善组织生存与发展的重要因素。因为沟通的效果会直接影响潜在的捐赠者对慈善组织公信力的评价，会直接影响他们的捐赠决策。

有学者在明确慈善沟通对慈善组织公信力的重要价值后，进一步研究了何种沟通方式效果最好，最有利于慈善组织的公信力提升。Sally（1995）通过综述 130 份实证研究发现，在对合作的预测因子中，面对面的沟通是最强有力的预测因子。为了进一步研究不同沟通方式的效果，Bochet 等人（2006）通过系列实验研究发现网络沟通（如聊天或发送 e－mail）与不沟通相比会带来更多的合作，但是与面对面的沟通相比则合作更少。总之，得出的结论是进行沟通，不论是网络沟通还是现实面对面的沟通都会促进更多的合作。张司飞和黄静（2012）的研究发现对于“先言后行”和“先行后言”两种沟通方式，“先言后行”的沟通方式效果更好，这主要是因为先言后行让人们感受到了真诚，在这种沟通过程中让人们感受到真诚十分重要，直接影响人们对沟通效果的评价。如果从危机传播视角来看，在危机事件发生后，慈善组织需要慎重考虑对公众发布的信息的主题定位、例证选择、内容结构和修辞打磨等方面，因为公众会根据慈善组织传播出来的信息进行认知加工，进而把自己的反应反馈回来。

尤其当慈善危机事件发生后，慈善组织是否能有效地展开沟通会直接影响慈善组织公信力。如果慈善组织能在第一时间有效地沟通，公开透明地披露事件真相，并能真诚地采取一些信任修复策略来弥补捐赠者受损的利益，及时维护慈善组织的正面形象，就能较好地修复社会公众对慈善组织的信任。已有研究就发现修复态度与修复策略会交互影响信任修复效果。真诚的修复态度比不真诚的态度能更有效地修复信任，而在不真诚的修复态度下，修复策略间的修复效果无显著差异。真诚感知在修复态度与修复效果之间起到了部分中介作用（秦安兰，2018）。就慈善组织而言，当慈善危机事件发生后，真诚的沟通，实施有效的修复策略，会让捐赠者感受到慈善组织是真诚的、负责的，这种感知会修复慈善组织受损的形象，利于慈善组织公信力的修复。在某种意义上说，真诚也是慈善组织公开透明的表现。以美国为例，美国慈善组织公信力较高，其中一个重要表现是慈善组织公开透明（李静，2012）。正是因为慈善组织公开透明，当出现危机事件时，美国的慈善组织能有效地进行慈善沟通，所以慈善组织公信力得到了较好的修复。

5.2.6 慈善认知对慈善组织公信力的影响

本研究中慈善认知对慈善组织公信力的影响并不显著，这与已有的相关研究的结论不一致。可能的原因是本研究中对慈善认知的调查主要是测量的人们对慈善组织的知晓度。而这种知晓度对慈善公信力的影响在本研究中并不显著。而在石国亮（2004）的研究中其结论是慈善认知负向影响慈善组织公信力，他们认为这主要是因为自 2011 年以来慈善组织令人不满的表现，让那些知晓慈善组织越多的人，对慈善组织的不良表现也了解越多，因此对慈善组织公信力的评价就越低。而国外研究者如 Cheung 和 Sargeant 等人的研究却发现慈善认知对慈善组织公信力有正向影响（Cheung & Chan，2000；Sargeant & Lee，2002）。他们以社会认知理论为理论基础，认为认知会直接正向影响人们的行为，因此对慈善组织认知越好的人对慈善组织公信力的评价就越高。本研究结果与已有研究结果均不一致，这主要是由于以下几个原因。（1）本研究在慈善认知测量上主要是测量人们的慈善组织知晓度，即测量的慈善认知的一个侧面，研究结果表明人们对慈善组织的知晓度并不影响慈善组织的公信力，即并非一个知晓慈善组织数目越多的人就对慈善组织公信力有较高或较低的评价，这似乎表明慈善组织知晓度并非直接影响慈善组织公信力。而石国亮的结果在本研究中没有得到支持，也表明了慈善组织知晓度对慈善组织公信力的影响是多样的。（2）本研究与国外关于慈善认知对慈善组织公信力的研究结果不一致，主要是因为研究中所采用的问卷不同。如 Cheung 等人（2000）采用的慈善认知问卷由多个维度构成，如自我效能感、结果效能、慈善组织认知等。而在本研究中为了更为清晰地、细致地研究不同影响因素对慈善组织公信力的影响，把慈善效能感单独拿出来进行了检测。在慈善认知问卷中仅测量了慈善组织知晓度这一部分。正是测量内容的不同，导致测量结果的不一致。但是，综合本研究和已有研究，我们可以得出对慈善组织的知晓度并不能影响慈善组织公信力的结论。

5.3 慈善危机事件对慈善组织公信力的影响

5.3.1 慈善危机事件对慈善组织公信力有显著负向影响

本研究发现慈善危机事件给慈善组织的公信力带来显著的消极影响。超过65%的社会公众普遍认为慈善危机事件对慈善组织公信力具有影响（见表3-49）。通过对慈善危机事件前后公众慈善公信力的三个成分的得分情况进行分析可以发现，慈善危机后慈善组织的能力信任、正直信任和善心信任均显著地低于慈善危机事件前，这表明慈善危机事件显著地损害了慈善组织公信力。这也与多数学者的研究结果一致，如王益龙（2012）研究也发现近年来我国慈善丑闻事件频出严重捐害了慈善组织公信力。石蒙蒙（2013）的调查也发现受慈善丑闻的冲击，大多数民众对慈善组织的信任度有显著的下降。国外也有学者研究发现公众对慈善组织的能力信任、正直信任和善心信任会直接影响公众对慈善组织的态度（Hassan et al.，2018）。慈善危机事件的发生会直接损害公众对慈善组织的能力信任、正直信任和善心信任，进而会损害公众对慈善组织的积极态度。本研究与已有研究的发现均表明慈善危机事件会损害慈善组织的公信力。之所以会损害公信力的原因之一就在于公众把慈善危机事件看作是一种信任违背。Lewicki 和

Bunker（1996），Lewicki 和 Wiethoff（2000）提出了信任违背（trust violation）的理论模型，认为信任违背会损伤双方的信任。目前已有研究尚未涉及慈善危机事件是通过什么方式对慈善组织公信力产生消极影响的。为了进一步研究危机事件对慈善组织公信力的影响的内在因素，本研究进一步调查分析了违背归因对慈善组织公信力的影响。

5.3.2　慈善危机事件对慈善组织公信力的影响的内在机制归因

信任修复的过程涉及一个重要变量归因，有研究根据不同归因提出了归因信任修复模型（Tomlinson，2009）。Kim 等人（2004）的实验证明不同的修复策略与违背归因对信任修复的影响不同。当信任方把信任违背归因于没有能力时，道歉比否认能带来更高的信任判断。这是因为对于那些赋予能力积极信息更多权重的个体，在能力型信任违背下，道歉比否认更有效。在正直型信任违背下，仅仅道歉会被认为缺乏诚意。对于赋予正直消极信息更大权重的个体，否认比道歉更有效。道歉就是承认错误，而这种错误会被认为是受信方缺乏正直造成的。此外，修复策略与违背类型交互共同影响修复效果。而当信任方把信任违背归因于正直时，否认策略会带来更多的信任判断。与已有研究结果不同，本研究发现不论是能力归因、正直归因还是善心归因均会对慈善组织公信力产生消极影响（见表 3－51）。这可能是由于慈善组织自身的特殊性导致的。慈善组织自身“善”的使命，自身的公益性和向善的价值观，让社会公众对慈善组织持有较高的公信力期望。一旦慈善组织的行为违背了公众的积极期待，不论是因为自身能力不足、还是出于自身利益的考量、抑或是忽略了公众的善心需要，只要是违背了公众的信任期待，就会给慈善组织公信力带来打击。本研究的新发现表明慈善领域内，不论是何种认知归因均会影响慈善组织公信力。这也表明慈善危机事件对慈善组织公信力的影响，其内在机制是通过对慈善组织的信任违背归因而产生影响。

本研究进一步分析了慈善危机事件的影响广度问题。发现尽管慈善危机事件会影响捐赠者对慈善组织的信任，但是对捐赠者身份影响不大，没有达到中间值3分（见表3－53）。这表明捐赠者身份不容易受外界刺激的影响，更多地受限于捐赠者自身的身份认同和价值认同。更为有趣的发现是尽管慈善危机事件会损伤慈善组织公信力，但是捐助者日后仍然愿意再次做出捐赠行为，做出捐赠行为的可能性得分为3.29分（见表3－53）。这表明慈善组织公信力的损害，并非一定带来捐赠行为的受损，很多捐赠者做出捐赠行为是出于自身的信仰、价值观和道德。石蒙蒙（2013）的研究也发现公众尽管认为慈善危机事件损害了慈善组织公信力，但是却表示如果慈善组织会改变，捐助者仍然愿意给慈善组织捐赠。这表明慈善危机事件对慈善组织公信力的损害并非是持久的影响，如果慈善组织在处理危机事件时，处理得好，能积极有效地与公众进行沟通，表达慈善组织的改变意愿，并在行为上付诸实施，那么危机就会变为机遇，变为重塑慈善形象的重要契机。例如德国巴伐利亚州的红十字会的两位官员被曝光收受贿赂300万马克。危机事件发生后，两名官员被判刑，获得了应得的惩罚与制裁。该州的红十字会的形象得以重塑（Gibelman & Gelman，2001）。本研究结果给了我们十分有价值的启示，慈善危机事件发生后，如果慈善组织能够在信任修复时很好地利用捐赠者的自身内在因素，如捐赠者的价值观、信仰和道德，就能促进或激发更多的捐赠行为。同时，在修复信任时，慈善组织应明确表达自身的改变意愿，还要让捐赠者体会到慈善组织的真诚。如果慈善组织能做到以上方面，慈善危机事件的“危”就会转变为“机”，慈善组织就能借由危机事件重塑组织形象和公信力。

5.4 慈善组织信任修复策略与修复效果

5.4.1 适宜的修复策略——披露真相和弥补错误

根据本研究的研究结果，我们发现在信任修复过程中，慈善组织最宜选择具有较好修复效果的策略，如披露真相和弥补错误。这两类策略的得分均高于3.5分。披露真相是指慈善组织在危机发生后的第一时间，向公众提供关于慈善危机事件的充足信息，尽量做到信息透明，通过透明制度的建设来修复公众的信任。在慈善危机发生后，披露事实真相是慈善组织勇于面对现实、勇于承担责任的表现。这种策略也是慈善组织公开透明制度的一种体现，通过使用该策略，慈善组织可以向社会公众传达自身已经具备一定的公开透明度，愿意与公众分享事件本身的真诚态度。石国亮和廖鸿（2015）的实证调查发现当前慈善组织缺乏公信力的原因之一是财务不公开透明。这表明公众对慈善组织公开透明是有强烈需求的，如果慈善组织在危机事件发生后能及时地公开相应的信息，披露事件真相，通过自己的信任修复行为满足公众对慈善组织的公开透明的心理需求，那么必然会取得较好的信任修复效果。

弥补错误是慈善组织敢于面对和承担错误，并做出了相应的补偿或赔偿的行动，这种态度和做法会让捐赠者认为慈善组织是有责任和诚信的组织，这会在较大程度上维护慈善组织的组织形象，因此信任修复的效果最好。弥补错误实际上是在资金、制度或组织建设等多个层面，全方位地开展补救行动，该策略是一个立体多元的行动策略，该策略的使用会让公众对慈善组织的未来充满积极期待，会愿意相信慈善组织具备降低未来发生危机事件的风险的能力。总之，披露真相和弥补错误的修复效果最好，这两种策略在修复的时间点上满足了公众对真相信息的需求和对慈善组织积极预期的需要。

5.4.2　最不适宜的策略——否认

当慈善组织发生了信任危机事件后，最不宜选择否认策略。否认是指受信方申明毫无证据的指控是不真实的，即告诉信任方自己是没有责任的，因此不会表达歉意（Kim，Ferrin，Cooper & Dirks，2004）。该策略会让捐赠者认为慈善组织在推卸责任或隐瞒真相，这会严重影响信任修复的效果。已有研究发现，当个体做出正直归因时，对于赋予正直消极信息更大权重的个体，否认比道歉更有效，否认策略会带来更多的信任判断（Kim et L.，2004）。韩铮（2006）的研究发现在中国情境下，能力违背情境下，道歉的修复效果显著高于否认。在正直违背情境下，道歉与否认两者的修复效果没有显著差异。与已有研究结论不同，本研究却发现在能力归因、正直归因、善心归因中，否认的修复效果都是最差的。这个研究结果显示了慈善领域的特殊性。

慈善组织公信力不同于人与人之间的信任，慈善危机事件发生时，一般情况下媒体会对慈善危机事件进行一定程度的报道，这种曝光使得危机事件成为一种公众关注的公共事件。因此，不论慈善组织是否负有责任，作为公共事件的相关者应该第一时间站出来披露事件真相，做出一定程度的解释或道歉，弥补形象的受损。不论是公众对慈善组织的信任违背事件做出的是能力归因、正直归因还是善心归因，人们都倾向于认为慈善组织应当为事件负有一定的责任。因此，如果慈善组织第一时间采用否认策略，而非披露事件信息，往往会给社会公众带来误解，公众会认为慈善组织试图隐瞒真相，反而会更深地损害公信力。尽管有时慈善危机事件的报道会存在不实成分，慈善组织也应尽量不采用否认策略，而应选取其他修复策略，避免在信任修复过程中让公众产生新的认知偏差，反而不利于公信力的重建。

5.4.3 其他修复策略

此外，道歉、赔偿、承诺这三种策略均有一定的效果，有40%以上的人认为这三种策略具有较好的修复效果。尽管道歉策略属于口头策略而非行为策略，但是在信任修复初期，慈善组织使用频率最高的是道歉策略。该策略能修复人们受损的情感，安抚和释放人们的消极情绪，因此能起到较好的修复效果。而承诺策略也属于口头修复策略，该修复策略的着眼点不同于道歉，道歉是着眼于过去，是针对慈善组织过去行为的一种言语表达。而承诺是着眼于未来，是慈善组织向社会公众和潜在的捐赠者表达自身有能力避免类似错误。该策略利于修复社会公众对慈善组织的未来预期，维护捐赠者对慈善组织的积极期待，因此修复效果也比否认策略好。赔偿属于行为修复策略，是慈善组织做出了弥补捐赠者损失，维护捐助者利益的行动。慈善组织做出以上的努力和改变，有利于维护捐助者的利益，修复慈善组织的形象和公信力。本研究仅仅比较了单一修复策略，即道歉、否认、承诺、赔偿等策略的信任修复效果。而后续的研究可以进一步探究不同修复策略的组合对信任修复效果的影响。韩平和宁吉（2013）通过实验研究发现对于能力型信任违背，道歉、道歉加承诺比否认、否认加承诺的信任修复效果好。对于正直型信任违背，道歉加承诺比否认、否认加承诺的修复效果更好。当然，未必组合修复策略的修复效果一定比单一的修复效果好，但是在现实生活中，慈善组织常常不只使用单一修复策略来进行信任的修复与重建，因此后续研究可以在这个方面进行深入探讨。

5.5　慈善组织公信力重建的路径选择

本研究的结果表明慈善组织公信力重建的路径是多维的。这一结论也与学界对慈善组织重建公信力的路径探索结果一致，当前学者对重建路径的研究可以归纳为三位一体路径说、四路径说、五路径说。三位一体说强调慈善组织的自律、互律和他律。四路径说强调法律、监督、政慈关系和组织建设，或是强调使命、制度规范、自律和专业化这四个方面。五路径说强调法律、政府、品牌、能力、捐赠者五个因素。本研究发现加强监管机制、建立或完善规范、承担社会责任、重塑形象、惩罚这 5 条路径均可通达公信力重建的目的地。

5.5.1 加强监管机制

在本研究中有70.56%的人认为加强监管机制是会获得较好或很好的修复效果。如果加上选择中立态度的人数，就有97.21%的人。可见，人们普遍认为加强监管机制是慈善组织公信力重建的重要路径，而且该路径的效果也较好。那么如何加强对慈善组织的监管呢?乔占军（2015）研究认为加强政府监管是重塑慈善公信力的重要途径。具体可以加强政府的审计监管、设立重大慈善项目巡视员、设立专门的政府监管机构等。在政府加强对慈善组织的监管的过程中，要注意处理好政府与慈善组织的关系。有学者研究发现当前我国政府对慈善组织的影响过于强大，干预过多，一些慈善组织的工作人员来源于政府，慈善组织开展的是一种行政化的组织运行模式，慈善组织的独立性受到损害（张伟珍，2007）。因此，处理好政府与慈善组织的关系，去除慈善组织的行政化色彩是必须要做的事，应进行人事制度改革，推行市场化管理，重塑慈善组织的项目品牌和组织形象（罗文恩，周延凤，2012）。借鉴国外的先进经验，政府在慈善事业的角色应该是倡导者、合作者、管理监督者、法律保障者。

在加强加监管机制建设方面，除了政府可以有所作为，还应加强第三方评估在慈善组织公信力重建中的重要作用。孙发锋（2014）认为第三方评估是我国慈善组织公信力建设的必然要求。第三方评估具有专业性、中立性等特点，它能有效弥补政府监管的不足，能在慈善组织公信力建设中起到评价、引导、激励和预防等作用。邓国胜（2004）认为第三方评估要发挥自身的专业性，就要具备完备的评估指标，因此他提出了“APC”评估理论，即对慈善组织的问责、绩效和组织能力进行全方位的评估。石国亮（2012）在“APC”评估理论的基础上，对慈善组织的使命、能力、绩效、问责四个一级指标，和十个二级指标进行评估，他同时设计了一套慈善组织公信力的评估流程，该流程更为关注慈善组织和利益相关者的参与、评估结果的转化运用。

总之，建立完善的监管机制需要加强政府监管和第三方评估，构建起第三评估与政府监管的良性互动机制。让政府监管和第三方评估发挥各自优势，互相补充，相互促进，共同为慈善组织公信力建设搭建良好的监督平台。

除了从不同主体视角来探析如何加强慈善监管机制外，有学者从制度体系建设本身着眼，认为加强慈善监管体制就必须健全慈善募捐监管机制、慈善运行监管机制、慈善组织评估监督机制（高小枚，2017）。要健全以上三个主要机制，就要分别建立和健全募捐人准入监督制度、捐赠者义务监督制度和受益者义务监督制度、慈善信息公开制度、慈善行业业务年审制度、舆论监督制度、人民群众监督制度、慈善组织评估主体制度、慈善组织行业准入制度、等级评估与行业淘汰制度。由此可见，加强监管机制建设是一个系统工程，主要涉及政府和第三方评估两大主体，涉及慈善募捐监管、慈善运行监管、慈善组织评估监督三大层面。

5.5.2 建立、完善制度规范

慈善组织公信力的重建除了需要加强外部的监管，还应从组织自身建设做起。慈善危机事件的发生与慈善组织自身内部制度建设不完善有密切关系。曾盛聪（2013）的研究也发现慈善的伦理失灵与公信力危机从根本上说是慈善规则沦陷与失守的直接后果。英美等国家在发展慈善事业时，都十分重视以慈善组织的内部权力的制约和内部制度建设来保障慈善组织公信力。在本研究中有64.31%的人认为建立或完善制度规范对慈善组织公信力重建有较好的效果。这表明大多数人认同通过建立或完善慈善组织的内部制度规范来重建慈善组织公信力。

那么，如何开展慈善组织内部制度的建设呢？慈善组织公信力重建，需要建立以慈善组织自律为原则的规范、高效的内部治理制度，充分发挥理事会、监事会的作用（杨思斌，吴春晖，2012）。具体说来就是重要的决策由理事会集体做出，而日常的运行由各个职能部门和专业管理人员执行，由监事会负责监督。慈善组织完善的内部制度还应该包括募捐制度、管理制度、运行制度和问责制度等。当前我国慈善组织在进行制度建设的过程中，尤其应注重建设信息披露、财务公开等内部制度（曾盛聪，2013）。慈善组织的内部制度是一个制度系统，主要包括运行制度、财务监督与公开制度、募捐制度、管理制度和问责制度等。Vanderwarren（2000）认为在组织内部设立审计委员会往往是成本最低而效率最高的监管方式。财务监督与信息公开制度的建设是慈善组织内部重建的关键。慈善组织只有确保财务透明而有监督，才能获得公众对慈善组织的信任。Goncalves Oliveira 等人（2013）认为只有采用审计方法进行必要的工作，才能确保资金的正常运行。慈善组织只有加强财务信息的透明度建设，加强会计监督，向公众披露善款的去向，才能获得较高的公信力（杨平波，张晓琴，

2011)。乔占军(2013)认为会计信息披露制度是提升和重建慈善组织公信力的重要路径。张鹏等人提出破解慈善组织公信力困境还可以使用慈善物资追溯系统，从源头上治理慈善组织物资管理混乱的状况，实现慈善物资的全局化管理和调配，提升慈善运作的透明度(张鹏，李萍，赵文博，2016)。总之，慈善组织加强内部制度规范建设，增强自律才能更好地重建公信力。

5.5.3 承担社会责任

慈善组织不同于企业与政府，它天然带有“向善”的色彩，它既不能像企业那样任何行为首要考虑经济利益，也不能像政府那样利用权力实施公共政策达到社会治理之目的。慈善其内在的生命动力在于其道德性。慈善只有确保自身在德行的轨道上运行，才能获得源源不断的动力(曾盛聪，2013)，才能获得较高的慈善组织公信力。本研究发现有70.06%人认为慈善组织承担社会责任会取得较好或很好的信任修复效果。这表明在慈善组织信任违背行为发生后，要在行为上主动做出与慈善组织道德属性一致的行为，即承担社会责任，才有可能重新收获人心，重建公信力。

那么，慈善组织如何承担社会责任呢？慈善组织要承担更多的社会责任，要积极向公众提供更多的扶贫济困、大病救助、救灾助孤、发展教育、环境保护等帮助，通过这些慈善行为向社会公众传递爱心与温暖，传播正义和公正，提高社会公众的福利水平。这些承担社会责任的行为能体现服务大众、奉献社会的慈善使命，而慈善组织是否能很好地履行慈善使命，是公众对慈善组织公信力评价的重要方面。

因此，如果一个慈善组织能更多地承担社会责任，人们对该组织的公信力评价就会更高。

慈善组织重建公信力时，需要让人们相信慈善组织，重拾人心，整饬人心秩序，最终形成“劝善”的情感机制，让人们愿意相信慈善组织，愿意捐赠善款给慈善组织。慈善组织在向善的感召力与吸引力上，需要以身作则，主动承担社会责任，让公众看到慈善组织的向善行为，如扶贫济困、大病救助、救灾助孤等行为确实给困境中的群体带来了救助和扶持，促进了社会福利水平的提升，促进了社会公正的发展。慈善组织自身的向善行为会激发社会公众的积极情感，引发公众对社会困境群体和一些社会问题的共鸣，并随之做出向慈善组织捐赠善款，帮助困难群体等慈善行为，慈善组织与公众的良性互动机制就会再次建立起来。由此可见，承担社会责任是引发公众情感共鸣的重要原因，是激发人们再次信任的行为起点。

在慈善组织承担社会责任时，要处理好宣传慈善品牌和赢得公众情感支持之间的关系。慈善要回归人心，关键在于慈善组织超越“自爱”和“夸耀功业”的动机（曾盛聪，2013）。这样，才能更多地赢得公众的情感支持，重建公信力。

5.5.4 重塑形象

组织形象是组织的象征，组织是具有特殊性质的系统，包括人的要素、物的要素、过程要素、关系要素和精神性要素，这决定了组织一个复杂而开放的系统（罗长海，2002）。这样的系统性质决定了组织形象的多元性和不唯一性。组织形象代表成员主体与他人或组织进行互动时，形成的对一个组织的社会建构知觉（Corley et al.，2001）。影响组织形象的因素有很多，如获得的组织信息与主体原有的认知结构的关系、信息的重要性和易得性、期望、动机、情绪等（季小天，江育恒，赵文华，2019）。

在本研究中有 64.47% 的人认为重塑形象在慈善组织重建公信力中能获得较好或更好的效果。慈善组织发生的危机事件会直接损害慈善组织的形象。重塑慈善组织形象需要做到以下三个方面。

（1）首先要解决的问题是慈善组织在何时进行维护和重塑形象。传统的危机演变理论认为危机应对应该遵循 48 小时原则，即在 48 小时内应对危机事件，给予公众明确的信息反馈。然而，当今在“互联网 +”时代，网络信息可以在极短的时间内扩散，传统的“黄金 48 小时”原则已经不适用于网络信息时代，有学者提出“黄金 4 小时”原则，即当事者应在 4 小时内快速反应，给予公众关于危机事件的明确信息。快速反应可以有效阻止网络虚拟链接范围扩大，防止危机影响扩大。而且还可以防止公众对问题的认知程度增强（薛可，熊文霞，余明阳，2008）。慈善组织只有及时提供信息，弥补公众与慈善组织之间的信息不平衡，才能达到控制信息的目的，也才能避免错误的信息扩散，维护自身组织形象（朱自立，闫巩固，桂譞，2010）。

（2）其次，需要从多个路径来重塑慈善组织形象。当今人类社会正在进入“形象经济时代”，一个组织或机构的形象关乎组织的发展，是组织软实力的象征。良好的组织形象会为慈善组织带来凝聚力、吸引力和感召力，利于慈善组织重建公信力。危机事件发生后，慈善组织应从知名度、美誉度、定位度和忠诚度等方面，通过提升组织的理念形象、行为形象、视觉形象等多维立体形象来开展组织形象的重塑。

周鸣阳认为可以从以下五个路径来提升组织形象：营造法律政策环境，为塑造组织形象提供前提；确定核心价值理念，这是形成组织形象的关键；创建服务品牌质量，这是提升组织形象的根本；规范行为创新管理，这是维护声誉保持形象的基础；塑造形象凝聚人心，这是提升组织形象的捷径（周鸣阳，2013）。

（3）最后，善用媒体传播组织形象，维护组织声誉。从传播学视角来看，社会公众对组织产生形象认知要经由组织形塑——媒介传播——公众认知过程。慈善组织形象的形成过程就是慈善组织通过各种慈善活动与公众进行互动沟通，引发公众关注，把有利于慈善组织的信息传播出去，社会公众通过对这些接收的信息进行感知、记忆、存储和加工，形成慈善组织的形象。慈善组织在重塑形象时，要通过多种渠道传播组织的良好形象，扩大知名度，提高声誉。慈善组织可以通过自有的媒体平台，宣传组织形象，还可以借助更大的专业媒体平台和客户端等，形成全方位、立体化的宣传体系。当危及慈善组织的负面事件发生后，慈善组织要学会利用全媒体，积极开展与社会公众的沟通。因为已有研究发现经常与公众保持沟通并及时做出调整自身行为的组织，在组织出现负面事件时更容易获得公众的原谅（Astley & Fombrun，1983）。慈善组织利用媒体传播组织形象、维护组织声誉时要秉承两个策略：预防与治理。所谓预防即在危机尚未发生时，能善用媒体传播自身形象以及组织对潜在危机的预防机制，要让社会公众看到慈善组织具有忧患意识，能防患于未然。所谓治理是指当危机事件发生时，慈善组织能及时采取危机公关，妥善处理危机，善于与公众沟通，能有效化解或缩减危机，维护自身声誉。

5.5.5 惩罚

惩罚在信任修复策略中关注信任方与受信方之间的公平关系。本研究发现60.52%的人认为惩罚的信任修复效果较好或很好。说明使用惩罚策略能较好地促进慈善组织公信力的重建。一般而言，惩罚多由第三方执行，如司法系统来裁定惩罚的力度并给予实施。惩罚的力度常常与信任违背者违背道德或法律的程度相匹配（Darley & Pittman，2003）。惩罚可以降低风险，通过让信任违背者付出违背的代价来降低其再次发生信任违背的概率。通过惩罚可以阻止信任违背者破坏双方关系。因为违背者受到了相应的惩罚，信任双方关系重新获得了平衡，重建信任成为可能。在信任修复的效果上，有研究发现实质性的惩罚比道歉更为有效（Bottom，2002）。

对于惩罚可以促进合作与信任的原因，研究者们也进行了探讨，认为惩罚改变了信任双方的心理预期，Yamagishi（1992）发现当人们之间的合作预期较少时，人们倾向于设置或引入某种惩罚制度。惩罚制度的设立，为信任双方带来了惩戒的强制力量，如果哪一方在信任交互过程中产生了信任违背行为，将会受到制裁。因此，信任违背行为由于要支付惩罚成本而变成不具吸引力的选择。惩罚制度一旦设立，信任双方在交往过程中，基于对制度的信任，会增加对对方的信任预期，因此惩罚会促进双方的信任。结合Gillespie和Dietz（2009）提出的信任修复的中介机制理论来分析，惩罚实际上是通过信任约束机制的中介作用产生信任修复效果的。慈善组织在公信力重建过程中，需要强调组织控制与防止违背事件再次发生的能力和努力，需要向公众展示自身在防范制度上有哪些改进，以增强社会公众对慈善组织的信心。惩罚之所以会产生较好的修复效果，可以用 Brodt 和 Nevill（2013）提出的信任修复平衡理论来解释。当慈善组织发生信任违背事件后，社会公众、慈善组织、行为事件之间的三角关系失去了平衡。慈善组织公信力重建实际上就是重新使三者的关系系统恢复平衡的状态。而惩罚的实施，会让社会公众认为慈善组织为其违信行为负责，其受损的情感得到了抚慰，伤害感减轻，因此关系系统可以重新恢复平衡。

如何惩罚才能获得较好的公信力重建效果呢？主要的惩罚方式有经济惩罚和声誉惩罚。经济上惩罚会让公众明确而清晰地感知慈善组织为信任违背行为所承受的物质上的损失，这种感知会让公众在心理上获得平衡感，感受到公平正义。这会为慈善组织重建公信力提供良好的开端。除了经济惩罚外，声誉惩罚同样也利于慈善组织公信力重建。刘国芳和辛自强（2011）研究发现群体成员对背叛者的声誉惩罚会促进信任与合作。

从以上 5 条路径的修复效果可以看出，社会公众对慈善组织重建的要求是两个层面的，一个层面是对内，慈善组织需要对慈善丑闻或危机事件涉事者给予明确而严格的惩罚，加强自身监管机制建设，提高自身能力才能重塑公信力。另一个层面是对外，慈善组织需要承担更大的社会责任，让更多的公众了解和信任该组织，才能改善其组织形象，进一步重塑其公信力。

5.5.6 其他重建路径

当然，慈善组织在重建公信力时还有更多的路径选择，除了以上方面，有80%以上的人认为提升工作透明度、名人参与和加强危机公关是较好的路径选择。(1) 提升工作透明度。结合最后我们对被试者的开放式问题调查结果分析，被试者提及最多的公信力较高的慈善组织特征是公开透明，即信息的公开、财政的公开透明、善款流向的透明等。在前面的文献综述部分我们分析也发现重建公信力尽管路径多，但是存在一个关键突破口，那就是加强透明度建设。慈善组织可以通过在网络上公开自身的财务信息，做到每笔善款都有据可查，这样捐赠者和社会公众就能明确掌握善款的流向，这也是慈善组织加强与社会公众沟通的渠道。信息的公开透明还能让公众发挥社会监督功能。(2) 吸引更多的名人参与慈善组织的慈善活动。名人参与能带来名人效应，应吸引更多的社会公众关注公益慈善，关注慈善组织的相关活动，关注社会中的困难群体。当慈善组织出现危机事件后，不应降低自己的曝光率，减少社会的关注。而是应该把危机转变为机遇，通过吸引名人参与，让更多的社会公众关注慈善组织对危机事件的处理和慈善组织自身的建设，这能提升修复公信力的效率，也会减小危机事件对公信力的损害程度。(3) 加强危机公关能力。在危机事件发生后，慈善组织的危机公关能力会影响公信力修复的效果。当危机发生时，不要否认，而要披露事件本身，公开必要的信息给社会公众，让公众掌握事件处理的动态。同时在口头上道歉、承诺，行为上弥补损失、赔偿等，这些修复策略都能较好地修复公信力。此外，慈善组织还应制定危机应急预案，一旦危机发生能及时进行危机的应对与处理。

此外，还有50%以上的人认为应提高从业人员的专业水平、改善机构设置、注重组织形象建设、加强制度建设。结合对公众认为慈善组织公信力不高的原因的分析，有71.71%的人选择专业化程度不高，这表明慈善组织专业化建设是重建公信力的重要抓手。慈善组织专业化程度不高是慈善组织自身能力建设的不足，是我国慈善事业发展过程中慈善组织必须要面对和解决的自我成长问题。而慈善组织公信力构成的重要成分之一就是能力信任，如果慈善组织专业化程度不高，公众对慈善组织的能力信任自然就低，就难以生成较高的公信力。因此，当前慈善组织要努力提高自身专业化水平，提高慈善组织内部从业人员的素质和专业能力，让慈善组织从业人员继续进修和学习专业知识，提高自身的专业能力。另外，慈善组织还应注重改善机构设置、注重组织形象建设、加强制度建设。

第 6 章

慈善组织公信力重建的对策与建议

重建慈善组织公信力并非一朝一夕可以完成，需要在时空维度上给予综合考量。在时间上慈善组织需要明确信任一旦遭受破坏，修复信任和重建公信力是一个漫长的过程，需要长期的努力来重新赢得公众的信任。在空间维度上，要多层面、全方位地建立慈善组织的约束机制和展示信任机制，既注重线下的慈善信任修复，也注重通过网络开展线上的信任修复，利用全媒体加强与社会公众的沟通，展示自己的诚信行为和真诚态度，宣传对相关责任人的惩罚和进一步的约束机制的建设，这样才能实现慈善组织公信力的重建。基于实证研究的结果，本研究提出以下对策与建议。

6.1 加强沟通能力建设，建立透明的信息沟通机制

慈善沟通在慈善组织公信力重建中起到至关重要的作用。慈善沟通在普遍信任、媒体认知、慈善效能感对慈善组织公信力的影响中均起到了中介作用，而且在众多的影响因素中，慈善沟通对慈善公信力

的直接影响最大。因此，慈善组织公信力重建需要特别重视组织的沟通能力建设。

（1）建立顺畅的沟通渠道，注重日常沟通

随着互联网技术的普及和现代通信技术的快速发展，社会公众获得信息的渠道越来越多样化，由原来从传统的广播、电视、报纸、杂志获取信息，发展为从电脑、手机等网络终端获取信息，越来越多的人开始在互联网上接收、发布信息。在当今信息社会快速发展的态势下，慈善组织重建公信力需要建立顺畅的沟通渠道，通过多渠道开展与社会公众的沟通。一方面要善用传统渠道，如广播、电视等，尽管这些渠道的受众人数有所减少，但广播电视的权威性、官方性等特征可以为慈善组织公信力的重建提供良好的、具有公信力的平台。其次，要发展新的沟通渠道，如建立慈善组织自己的官方网络平台，链接腾讯公益、新浪公益等大型网络公益平台，建立和完善组织的微信公众号和微博，在网络社区、论坛和 qq 空间等网络平台积极与公众进行沟通，多点、多线、立体化地建立沟通渠道网络，才有可能做到线上与线下的有效联动。沟通渠道建立好后，慈善组织需要设置专门的部门、配备专门的工作人员负责慈善组织的日常沟通。日常沟通主要涉及宣传慈善组织的使命、推介慈善组织的项目、公布慈善组织的善款流向和财务报表信息、表达对捐赠者的感谢、回答公众的问题等。只有把日常沟通做到位，才能营造出正直、诚信、专业、敬业的慈善组织形象。日后一旦发生负面事件，慈善组织才更有可能重建信任。Astley 等人的研究发现经常与公众保持沟通并及时调整自身行为的组织，在组织出现负面事件时更容易获得公众的原谅（Astley & Fombrun，1983）。

（2）处理危机时，主动有效地开展沟通

慈善组织在发展过程中，如果出现负面的事件，产生了信任危机，慈善组织应善用沟通，阻止危机的扩大，把负面事件的“危”转变为慈善组织发展的“机”。

美国危机管理学家 Robert Health 提出了 4R 危机管理理论，他根据危机的时间发展脉络把危机管理分为四个阶段：缩减、预备、反应和恢复。在危机发生之前存在两个阶段即缩减和预备。危机管理的关键阶段是反应阶段，反应阶段处于危机实际发生后，是策略阶段。当危机发生后，慈善组织要合理地运用危机沟通、媒体管理、决策制定等方法来提升危机管理的效果。当慈善组织发现社会公众对其产生怀疑时，应采取主动、积极和真诚的态度，坦诚地向社会公众公布相关信息，避免公众因为猜疑、质疑而对项目产生误解。正所谓先发制人，后发制于人。正面的声音如果跟不上，负面的信息就会肆意传播（张珂，2012）。因此，建立公开透明的信息机制是慈善组织重建公信力的必然选择。

在危机处理中，慈善组织应注意以下三个问题。一是坦诚，坦诚是前提，信息报道的迅捷、采取措施的透明化是建立社会化信任的必要条件（喻国明，2011）。二是多渠道沟通。尽可能使用文字、影像和网络等多种沟通方式，使更多的公众能接收到慈善组织发布的信息，尤其需要注重充分利用具有公信力的网络平台开展沟通。三是针对公众质疑的或负面事件的相关责任人，要给予其惩罚和组织制度上的改变，并向社会公布相关信息。

6.2 提升信任修复能力，多使用有效的策略

慈善组织公信力重建建立在慈善组织对公众的信任进行良好修复的基础之上，因此重建慈善组织公信力需要不断提升慈善组织的信任修复能力。本研究发现慈善组织在信任修复过程中，要学会使用有效的策略，如道歉、承诺、惩罚、披露真相、弥补错误等。以上策略被证明信任修复效果良好。道歉属于言语修复策略，当慈善组织发生危机事件后，应第一时间运用该策略，而且该策略使用的成本也较低。慈善组织可以借由道歉来表达组织对出现危机的歉意、内疚和自责，让社会公众看到组织负责的态度。道歉可以安抚社会公众受伤的情绪，避免公信力的进一步下降。承诺策略也属于言语修复策略，但是一般情况下承诺策略使用的时间节点相对靠后，一般在慈善组织使用了披露真相、惩罚、弥补错误等行为修复策略后，是慈善组织为了进一步维护公众对组织未来的积极期待而采用的策略。承诺是指向未来的策略，通过承诺，慈善组织表达组织在将来的行动中会避免出现类似的事件。承诺会引导社会公众把关注点放置于未来，关注慈善组织未来的变化，引导人们对慈善组织形成积极而正向的期待。这种期待在一定程度上会抵消危机事件给公众带来的情感伤害，因此是比较有效的修复策略。

除了道歉和承诺外，披露真相、惩罚、弥补错误均属于行为修复策略，这些策略也都能取得较好的修复效果。披露事件真相策略是指慈善组织通过慈善沟通向社会公众传播慈善事件的真实情况。慈善组

织公开透明的沟通态度会减轻危机事件对慈善组织公信力的伤害，维护慈善组织专业、负责的组织形象。一般来说，慈善危机事件发生后，慈善组织就要积极开展事件调查，一旦全面掌握了事情的基本情况，就要及时使用披露真相策略。随着互联网的普及，信息传播速度的加快，危机处理的黄金时间也由原来的“黄金48小时”缩减为“黄金4小时”。因此，慈善组织应在危机事件发生后启动应急预案，在“黄金4小时”内做出快速反应，在认真调查的基础上，及时而准确地披露事件的真相。披露事件真相后，慈善组织还需要继续使用惩罚、弥补错误策略来继续修复受损的信任。对事件相关责任人的惩罚、惩罚措施的公布和惩罚制度的实施会让公众感受到公平，信任双方受损的、失衡的关系会得到平衡，因此会收到较好的效果。慈善组织在实施惩罚策略时，除了针对事件责任人的惩罚外，更应注意完善惩罚制度，通过制度的建设来防范此类事件的再次发生。如果说惩罚是针对慈善组织内部，那么弥补损失则是指向慈善组织外部，对危机事件涉及的受害者给予物质或精神上的补偿。这种在行为上实质性地弥补会减轻危机事件给信任方所带来的伤害，维护信任双方的平衡关系，让信任方在信任修复过程中感受到被尊重。慈善组织在使用弥补损失策略时要注意弥补度的问题。一般来说，慈善组织的弥补要超过信任方所遭受的损失才能带来较好的修复效果。慈善组织除了要进行物质上的弥补，还要重视精神上的弥补。

最后，慈善组织在信任修复过程中要尽量避免使用否认修复策略。本研究已经证明否认是最不适宜使用的策略，因为否认策略常常给人们留下推卸责任、隐瞒真相等负面印象。如果在危机事件曝光过程中有不实的信息，公众对慈善组织有误解，慈善组织也不宜直接使用否认策略，此时最适宜使用解释策略和披露真相策略，把事件的相关信息提供给公众，让公众在接收信息后形成自己的判断。

6.3 加强自身能力和价值观建设，完善组织的信任展示机制

慈善组织还需要加强自身内部的建设，慈善组织应从公信力的组成部分着手展开重建。慈善组织公信力包括三个主要成分，即能力信任、正直信任和善心信任。因此，重建公信力应分别开展能力建设和价值观建设，其中价值观建设就包括正直和善心建设。慈善组织完成这两方面的建设实际上就是完善慈善组织的信任展示机制的建设。

能力信任是慈善组织公信力的基础。只有当公众相信慈善组织是具有能力的，能够有效地把捐赠者捐赠的善款妥善地运用于救济困难群体时，公众才会做出相应的捐赠行为。慈善组织应从专业人才建设、组织机构建设、社区服务能力建设、应急能力建设、资源动员能力建设等方面全方位地开展能力建设工作。(1) 首先，应加强专业人才能力建设。慈善事业涵盖了广泛的工作内容，主要包括慈善活动策划、慈善宣传、善款筹集、资金监督与管理等。专业人才需要提升以上领域的工作能力。而原来我国高等教育培养体系中尚未设立公益慈善专业，只有与慈善领域相近的专业如金融、社工、应用心理学、传播学等。这些专业学生毕业进入慈善领域工作时，还需要接受继续教育，掌握公益慈善的相关知识和技能，才能真正成长为一名合格的专业慈善从业人员。目前，北师大珠海分校、南京工业大学浦江学院先后开

设了慈善专业本科教育，北京社会管理职业学院等 4 所学校相继开办公益慈善职业教育。当前我国慈善组织应加强组织内的培训和继续教育，不断提升从业人员的专业能力。(2) 完善组织内部结构建设。慈善组织内部完善的部门设置，部门之间的合理分工与和合作是慈善组织高效运行的保障。组织结构反映出慈善组织的机制层面，属于慈善组织的运作方式，侧重于业务的开展和各个部门的职责分配（赵海林，2012)。目前，我国慈善组织结构普遍具有“趋同性”特征，在部门设计上扁平化程度低，偏向于直线型、高耸型设计（李莉，宋蕾放，2011)。结构上相对比较健全的慈善组织一般包括会员大会、理事会、顾问委员会、秘书处、秘书处下设的办事机构等。很多慈善组织在组织结构上与政府的相应的职能部分有一定的对应关系，这种结构的呼应使得慈善组织在组织形式上呈现出类科层化的特征。由于慈善组织的结构上具有类科层化的特征，使得一些具有官办背景的慈善组织运作具有较强的行政化色彩。要完善我国慈善组织内部结构建设，需要在慈善组织内部结构上进行改革，学习西方发达国家慈善组织结构建设的经验，在组织结构建设上尽量做扁平化设计，削减管理层级，使下级部门对核心部门直接负责。这样组织沟通效率更高，运行会更加高效。(3) 最后，还应注重社区服务能力建设、组织治理能力建设和社会资源动员能力建设。慈善组织只有服务好社区和困难群体，才能得到捐赠者和受助者的尊重和支持，才能获得良好的公信力。组织治理能力主要指组织内部的监督和管理能力、应急能力等。组织内部应建立完善的监督管理制度，监管组织的正常运行，一旦出现违规行为，应立即处理。当出现慈善危机事件时，组织应具有事先的应急预案，展开危机公关，及时有效地与公众沟通，做出相应的惩罚与补偿，在机制上进一步完善以避免以后类似事件的发生。资源动员能力是慈善组织动员社会资源，链接不同群体，组织动员社会力量的能力。具有较强资源动员能力的慈善组织，能筹集到所需的资源来实现慈善目标，发挥慈善的社会救助和公平正义的功能。慈善组织应学习多种筹集资源的方法，通过系统的方法和技术吸引和动员更多的社会资源参与到慈善事业之中。

慈善公信力除了包含能力信任外，还包括正直和善心信任。一个慈善组织是否具有正直与善心，主要取决于从业人员是否具有慈善使命感、是否具有善的价值观。如果说能力建设是慈善公信力重建的基础，那么正直和善心建设则是慈善组织公信力的保障。慈善组织正直和善心建设构成了价值观建设。慈善组织由于自身角色的特殊性，它是补充社会分配和实现正义的重要社会组织形式。因此，公众对慈善组织会寄托更多的信任，会相信慈善组织是向善的、正直的、公平的、正义的。如果一个慈善组织不能在价值引领上满足公众的这些价值需要，这个慈善组织势必会丧失公信力。因此，慈善组织在重建公信力的过程中，尤其应加强自身的价值观建设，把价值观的引导和教育渗透在日常工作和生活中。通过慈善组织从业人员的价值观折射出慈善组织自身的价值观。而且慈善组织在策划慈善项目或慈善活动时，应严格遵循正直、诚信、公正、向善的价值观。

6.4 以透明度建设为突破口来重建慈善组织公信力

本研究发现透明度建设是慈善组织重建公信力的突破口。慈善组织通过信息公开，建立透明机制，能有效帮助慈善组织修复受损的公信力，达到重建公信力的目的。已有研究也发现，慈善组织信息公开具有正面信息传播、虚假信息证伪、公益权益实现、信任关系巩固等方面的功能，这些功能的发挥，有利于重建慈善组织公信力（赵春雷，2015）。此外，慈善组织信息的公开透明，还能促进良好的外部监督机制的建立。从政府层面来看，信息的公开透明有利于政府对慈善组织的监管和引导。从社会层面来看，信息的公开透明有利于公众参与慈善组织的监管，利于提高公众参与慈善活动的热情，助推公众社会监督的功能的实现。

当前我国慈善组织在信息公开上还面临一些障碍，如慈善组织行政化增加了信息公开的难度，竞争压力小和信息公开成本大使得慈善组织缺乏信息公开的动力，不规范的运作使得慈善组织对信息公开持有消极态度，相关政策法规不健全使得慈善组织信息公开缺乏外部的制度保障等（孙发锋，2012）。但是，由于信息公开透明机制是重建慈善组织公信力的突破口，因此我们应有意识地克服上述困难，促进慈善组织的透明度建设。

那么慈善组织如何建立公开透明机制呢？首先，应从明确信息的公开重点、构建信息公开的网络化平台、保障公众的信息公开救济权、推进信息公开的制度化与法治化建设等方面加强信息公开机制的建设（孙发锋，2012）。实际上，信息的公开透明是外部监督机制的重要组成，公开透明制度的完善能促进外部监督的完善。外部监督是慈善组织他律机制的重要组成部分，它不仅关乎他律机制是否有效，而且也关乎自律机制能否稳健运行。其次，我国慈善组织公信力重建可以学习美国的慈善经验，如改进和完善慈善组织的会计制度，向国税局提交 990 报表、慈善组织评价的规范体系，公开披露财务信息等（刘亚莉等，2013）。最后，通过建立第三方评估机制来促进我国慈善组织的公开透明机制的完善。通过培育第三方评估机构、维护第三方的独立性、增加第三方评估的权威性等来推动第三方评估机制的建立和完善。第三方评估制度能为慈善组织公开透明机制的建立和发展提供良好的外部环境，给慈善组织提供竞争和舆论压力，促使慈善组织不得不提升自身的公开透明度，提升自身的公信力。

6.5 建立健全慈善监督管理制度，完善外部约束机制

维护和重建慈善组织公信力，需要在宏观上加强和完善相应的制度建设。从外部制度因素来说，需要建立健全慈善监督管理相应的法律法规和政策制度，完善慈善组织外部约束机制的建设。

（1）制定与《慈善法》配套的完善的慈善法律体系。尽管我国已经出台了《慈善法》，但是相关配套的法规制度还不健全。许多慈善事业和慈善组织的细节问题在法律和制度层面的规定还不明确。我们在发展相应法律制度时，可以借鉴国外的先进经验。以英国为例，英国作为当今世界上慈善事业较为发达的国家之一，其慈善法律体系相对健全，能对慈善事业和慈善组织的发展给予规定和指引。从 17 世纪初的《慈善用途法》，到 20 世纪中期的《慈善信托法》《娱乐慈善法》《慈善法》，再到 21 世纪初即 2006 年由英国女王颁布的《慈善法》，目前英国已经形成了一套完备的慈善法律体系。2006 年颁布的《慈善

法》对慈善委员会、慈善组织注册、慈善资金募捐、慈善组织监督、慈善组织审计等细节做出了详细的规定，它解决了原有慈善法律的种种问题，为英国慈善事业的健康发展提供了法律保障（潘乾，尹奎杰，2014）。

（2）建立严格的监督管理制度。我们可以借鉴慈善事业发达的国家的经验，如英美两国。英国在国家层面设有专门的慈善组织的慈善委员会，该委员会对慈善组织的登记注册实行严格的规定和管理，信息公开透明。凡是受理注册的慈善组织需要接受慈善委员会的监管。同时，英国还建立了第三方监管机制，通过第三方评估来保护公众和捐赠者的利益，维护慈善组织的公信力（吴正锋，许克祥，2014）。美国的慈善机构在公众信任度的排行中一直名列前茅，主要原因就是美国建立了比较完备、成熟的监管制度（甄茜，2002）。美国的慈善监管制度体系主要分为两个部分，一个是政府对慈善组织的监督，另一个是社会层面的监督。

6.6　提升社会的普遍信任，增强公众的媒体认知

普遍信任和媒体认知是影响慈善组织公信力的重要因素，在重建慈善组织公信力的过程中，不仅要聚焦慈善组织自身能力的建设，还要从外部影响因素着手，通过为慈善组织公信力重建营造良好的外部环境，来促进慈善组织公信力的提升。

（1）通过提升普遍信任来促进慈善组织公信力重建

社会公众的普遍信任是一个社会的信任水平的重要衡量标准，我

国近年来普遍信任水平尽管有所提升，但整体状况并不令人满意。那么如何来提升社会公众的普遍信任水平呢?

首先，以信用制度建设为突破口来提升公众的普遍信任水平。普遍信任的提升，需要政府从制度建设入手。完善的信用制度为人们的诚信行为提供了制度保障，也使得违信成本提高，会极大地降低违信行为发生的概率。当社会中的人们普遍表现出诚信行为，社会成员的普遍信任自然就会有很大的提升。

其次，建立公正的制度，提供公平的流动机会，为普遍信任的提升提供良好的土壤。朱博文和许伟（2016）分析 CSS2013 全国大规模调查数据发现，社会公平感与普遍信任之间有显著关系，社会公平感中的机会公平显著影响人们的普遍信任。这表明建立公正的制度，为公众提供公平的流动机会，会为人们带来心理上的公正感，进而促进普遍信任水平的提升。Hetherington（2005）的研究也认为社会公平和经济平等有助于提升社会公众的信任水平。

最后，用信任的良好的结果来不断提升普遍信任的水平。良好的信任结果是普遍信任果实的“生长素”和“催熟剂”（曹远洲，2003），信任是指信任方在具有一定风险性和不确定性的情境下依然愿意相信对方，实际上这种相信是建立在信任方观察社会上他人已有的信任结果的基础上的。如果大多数人的在信任他人后都获得了良好的结果，那么信任方在与陌生人交往的过程中也愿意相信他人。而如果大多数人在相信他人后没有获得好的结果，反而付出了较多的精神或物质上的成本，那么信任方就会选择不信任。因此，信任的良好结果会不断催生更多的信任，提升社会公众的普遍信任。

总之，要提升人们的普遍信任水平，需要加强信用制度和公平制度等制度，同时还需要在信任结果上给予保障。新近的认知心理学研究发现，人们的信任决策是在长期进化过程中大脑默认的优势选择，而不信任决策则涉及更多的认知控制加工，需要耗费更多的心理资源(付超等，2018)。因此，只要我们的制度建设和信任结果展示有所提升，那么人们会倾向于选择大脑中的默认优势选择——信任，如此社会的普遍信任水平必将获得提升。

（2）增强公众的媒体认知，促进慈善组织公信力的提升

媒体认知是影响慈善组织公信力的重要因素。随着互联网的普及与使用，社会中有越来越多的网民使用网络来获取信息和发表意见，人们获取资讯的渠道由原来传统的广播、电视、报纸、杂志拓展为基于无线通信技术和网络技术的新媒体，如数字电视、手机终端、电脑等。人们通过新媒体可以从网站、社区、微信、qq 等渠道来获取信息。互联网和无线通信技术使人们获取信息的速度和便捷性有极大的提升。不论是传统媒体还是新媒体，它们在传播信息之时都会影响人们的认知和态度，同时社会公众作为受众在接收信息时也会对媒体形成自己的认知，这些认知也会影响他们对事物的评判。

那么如何增强公众对媒体的良好认知呢？首先，媒体需要发挥好自己的监督作用。各种大众传媒能够对社会生活中的各种违法、违纪行为进行披露、报道和评论，通过信息曝光的方式来监督国家机关、社会组织等。网络媒体和传统媒体要形成完善的线上、线下媒体监督体系，发挥自己在社会监督体系中应有的作用。这样社会公众才会对媒体形成正向认知。其次，媒体应客观公正地报道信息，尤其是涉及慈善危机事件的信息。只有媒体保持价值中立，全面地报道相关信息，才能让公众对慈善事件形成一个全面而相对客观的认知。而当慈善危

机事件发生时，有些媒体为了吸引人们的关注，有意或无意地片面报道相关慈善组织的负面信息，而对后续慈善组织如何做出调整与处理的正面信息报道较少。这样报道会导致公众因为慈善危机事件而形成对慈善组织的负面印象，由于缺少后续新信息的跟进，负面印象就会固化，难以改变，自然不利于慈善组织的公信力重建。因此，为了提高人们对媒体公正、客观的认知，对媒体形成专业、负责的良好形象，媒体应该在信息传播过程中不仅报道负面的信息，也要报道正面信息，应多从正反两个层面客观地为社会公众传递信息。在报道慈善组织的负面信息时，应注重对慈善危机事件或负面事件的追踪报道，不断为公众提供事件的进展信息，尤其要关注慈善组织在制度层面的改变，以此来促进慈善组织公信力的重建。最后，媒体应确保所传播的信息的真实、可信。媒体在影响公众舆论的过程中，其传播信息的可信度非常重要，一个媒体所传播的信息越是具有较高的可信度，该媒体也就越权威，对人们的认知影响就越大。因此，媒体应该对所传播的信息实行严格的审查制度，确保信息的真实、可靠。只有这样，公众才会形成对媒体的良好认知。

6.7 加强慈善文化建设，普及慈善教育

培育适合现代慈善事业的慈善文化，是重建慈善公信力的重要内容。慈善文化是人类在长期的慈善行动和慈善事业发展过程中形成的思想价值观念和行为规范的总和（毕云天，2008）。慈善文化内涵丰富，其核心是利他主义价值观。中国自古以来就具有慈善文化的思想

基础。中国古代的重民、保民的民本主义思想、儒家仁义学说、佛教的因果报应说与慈悲观念、道教的承负思想等都是慈善思想的体现。随着社会的发展，现代慈善事业的发展也需要慈善文化的跟进。加强慈善文化的宣传，塑造公众的现代慈善价值观，增强公众的参与意识是慈善文化建设的重要内容（胡玙希，2017）。

培育现代慈善文化需要从两个层面进行，一个是慈善组织文化，另一个是社会慈善文化。慈善组织文化是每个慈善组织内共享的价值观念，它引导并规范着慈善组织成员的行为，同时也规范着慈善组织的行为。社会慈善文化是一个国家文化的重要组成，也为慈善组织文化提供源泉。现代慈善是全民参与的慈善，人人可慈善，慈善是一种生活方式，也是公民的一种责任与义务（张奇林，2014）。正如学者王振耀（2011）所指出的“慈善是给予而非索取。现代的给予还要更进一步，不仅是给予不图回报，而且反而是施者向受者感恩，是捐赠者感谢贫困者为其提供了奉献爱心的机会”。

国家要从宏观层面采取措施弘扬现代慈善文化，培育公民慈善意识和观念，激发民众参与慈善的行为。可以从多渠道宣传慈善文化，一个是从广播、电视、报刊、互联网等媒体积极开展慈善宣传，普及慈善知识，传播慈善观念，提升人们的慈善意识。我国“99 公益日”就是一个很好的宣传慈善文化的节日，“99 公益日”的宣传吸引了更多的公众参与慈善，关注慈善，同时也提升了公众的慈善意识。另外一个渠道是在国家教育体系中融入慈善文化的教育。从基础教育到高等教育，应注重加强慈善文化内容的融入，学生参与慈善公益活动的行为应列入道德考察。高等教育应加强慈善文化理论的研究。一个国家培育了良好的现代慈善文化，公民具有较高的现代慈善意识和慈善观念，就会为慈善组织的发展营造良好的外部环境。在这种文化环境下，公众会自觉担当社会监督的责任，行使他律的监督职能，监督慈善组织的行为。而慈善组织在现代慈善文化的引导下，也会自觉规范和约束自身的行为，使得其自律能力有所提升。这样慈善组织的公信力重建必然会取得良好的效果。

第 7 章

研究结论与研究展望

7.1 本研究主要结论

本研究主要结论如下:

(1) 影响慈善组织公信力的主要因素有普遍信任、媒体认知、慈善沟通、机会主义感知和慈善效能感。其中慈善沟通对慈善组织公信力影响最大,而且在普遍信任、媒体认知、慈善效能感对慈善组织公信力的影响中起到了中介作用。

(2) 慈善组织危机事件会显著降低慈善组织的公信力,具体表现为,在危机事件后,慈善组织的能力信任、正直信任和善心信任均有显著降低。尽管危机事件降低了慈善公信力,但社会公众还是持有较为理性的、乐观的态度,仍有多数公众表示会继续进行慈善捐赠。

(3) 披露真相、弥补错误的修复策略在公信力修复的效果上最好,其次为道歉、承诺、赔偿策略,而否认策略的修复效果最差。

(4) 慈善组织重建公信力的路径是多维的,承担社会责任、建立或完善规范、加强监管机制、重塑形象、惩罚都是较好的重建公信力的路径，慈善组织通过这些路径可以取得良好的公信力重建效果。此外，慈善组织还可以选择提升工作透明度、名人参与度和加强危机公关，这三条路径同样通达公信力重建的目的地。

7.2 研究反思与展望

本研究基于信任修复理论，对慈善组织的公信力重建进行了理论和实证研究。在梳理信任修复理论和慈善公信力影响因素等相关理论的基础上，我们通过调查问卷开展了实证研究，发现了影响慈善公信力的主要影响因素，慈善危机事件对慈善公信力的影响及其内部作用的机理，同时研究了慈善组织公信力重建的多重路径。本研究的创新之处在于以下几个方面。(1) 探明了影响慈善组织公信力影响的主要影响因素有普遍信任、媒体认知、慈善沟通、机会主义感知和慈善效能感，同时明确了普遍信任、媒体认知、慈善效能感对慈善组织公信力影响的内部机理。(2) 基于信任修复理论，着重探讨了不同修复策略对慈善组织公信力重建效果的影响，以及公众不同的归因认知对慈善公信力重建的影响。研究结果证明并非所有的修复策略均会产生较好的修复效果，对于慈善组织而言，否认的修复效果最差。(3) 同时，本研究还发现只要慈善组织选择合适的公信力重建路径，如承担社会责任、建立或完善规范、加强监管机制、重塑形象、惩罚等均能得到较好的修复效果。本研究的结论丰富和修正了已有的信任修复理论。

由于本研究进行时，一些重大慈善危机事件已经发生，因此相关的危机事件的影响只能做事后的调查与分析。进一步的研究可以抓住一些典型危机事件发生的时间节点，在危机事件前和后开展慈善组织公信力调查，并进一步深入探索公众对慈善组织公信力重建的预期和需要，以及慈善组织做出相应修复策略后，公众认知上的反应和行为上的改变。将来的研究可以结合一些具体的慈善组织，开展个案研究，深入剖析影响慈善组织重建公信力的因素、公信力重建的障碍、重建公信力的措施等方面。

参考文献

［1］埃里克·尤斯拉纳．信任的道德基础［M］．张敦敏，译．北京：中国社会科学出版社，2006：38.

［2］毕云天．论慈善文化的民族性及其意义［M］//杨团．和谐社会与慈善中华．北京：中国劳动社会保障出版社，2008：50－51.

［3］曹远洲．果实的诞生——关于现代社会普遍信任形成和实现问题［J］．求索，2003（3）：117－120.

［4］车栋．新媒体语境下如何提升基层政府公信力［J］．人民论坛，2019（2）：50－51.

［5］慈善组织分布数量类型［EB/OL］．中国慈善信息平台，2018.

［6］陈东利．论中国慈善组织的公信力危机与路径选择［J］．河北师范大学学报（哲学社会科学版），2012，35（1）：23－27.

［7］程玉敏．自律与互律：慈善组织公信力重建的路径研究［D］．上海：华东理工大学硕士论文，2012：37.

［8］邓国胜．非营利组织"APC"评估理论［J］．中国行政管理，2004（10）：33－37.

[9] 2014 年度中国慈善透明报告 [EB/OL]. 东城教研网, 2015.

[10] 方俊, 何雄杰. 民间慈善组织公信力研究 [J]. 马克思主义与现实, 2013 (3): 192-198.

[11] 范高潮, 刘莹. 渠道中的信任与供应商机会主义行为研究 [J]. 生产力研究, 2007 (10): 123-125.

[12] 弗朗西斯·福山. 信任: 社会道德与创造经济繁荣 [M]. 郭华, 译. 桂林: 广西师范大学出版社, 2016: 28-29.

[13] 付超, 张振, 何金洲, 黄四林, 仇剑釜, 王益文. 普遍信任博弈决策的动态过程——来自脑电时频分析的证据 [J]. 心理学报, 2018, 50 (3): 317-326.

[14] 高小枚. 论健全慈善监督体制与提升慈善公信力 [J]. 贵州社会科学, 2017 (9): 75-80.

[15] 高志利. 大学生志愿者自我效能感、自尊与服务快乐感相关分析 [J]. 中国学校卫生, 2011, 32 (1): 55-57.

[16] 韩平, 宁吉. 基于两种信任违背类型的信任修复策略研究 [J]. 管理学报, 2013, 10 (3): 390-396.

[17] 韩铮. 道歉、否认对大学生人际信任修复的影响 [D]. 开封: 河南大学硕士论文, 2006.

[18] 贺爱忠, 蔡玲, 高杰. 品牌自媒体内容营销对消费者品牌态度的影响研究 [J]. 管理学报, 2016, 13 (10): 1534-1545.

[19] 红十字会信任危机波及其他官方慈善机构 [EB/OL]. 中国网, 2011-08-12.

[20] 候利文. 被困的慈善: 慈善组织公信力缺失及其重建 [J].

天府新论，2015（1）：99－105.

［21］胡俊. 框架效应和自我效能感：大学生志愿服务行为意向研究［J］. 成都大学学报（社会科学版），2016（4）：21－25.

［22］胡尹慧. “慈善丑闻”与提升慈善公信力的策略选择［J］. 重庆城市管理职业学校，2010，10（1）：1－5.

［23］胡玛希. 我国慈善组织公信力研究［J］. 传播与版权，2017（6）：148－149.

［24］纪双城，青木，蒋丰，孙卫赤，陈尚文. 为慈善立规 国外是怎么做的［EB/OL］. 环球网，2016－03－09.

［25］季小天，江育恒，赵文华. 大学社会声誉的形成机理初探：基于“身份——形象—声誉”分析框架［J］. 江苏高教，2019（8）. 21－30.

［26］孔云梅. 我国慈善事业发展中的公信力缺失的原因及防范［J］. 中州学刊，2011（5）：137－138.

［27］李静. 美国慈善组织公信力研究［D］. 大连：东北财经大学硕士论文，2012：16.

［28］李占乐. 我国慈善组织公信力建设中政府角色探析［J］. 湖北社会科学，2012（5）：30－33.

［29］李伟民，梁玉成：特殊信任与普遍信任：中国人信任的结构与特征［J］. 社会学研究，2002（3）：11－22.

［30］林玉真. 销售过程中影响有效沟通的因素及其对策研究［D］. 西安：西安工程大学硕士论文，2015.

［31］刘长喜，陈心想. 排他性与联通性：社会参与对普遍信任的影响［J］. 社会学评论，20175（3）：19－33.

[32] 刘国芳，辛自强. 间接互惠中的声誉机制：印象、名声、标签及其传递 [J]. 心理科学进展，2011，19（2）：233 - 242.

[33] 刘伟江，张朝辉. 电子商务中的机会主义、信任和合作 [J]. 首都经济贸易大学学报，2008（6）：86 - 89.

[34] 刘亚莉，王新，魏倩. 慈善组织财务信息披露质量的影响因素与后果研究 [J]. 会计研究，2013（1）：76 - 83.

[35] 刘亚娜. 我国慈善事业发展中的政府作用分析——基于中美比较的借鉴与启示 [J]. 中国行政管理，2008（8）：91 - 95.

[36] 罗长海. 关于组织形象五层含义的哲学思考 [J]. 社会学辑刊，2002（3）：19 - 24.

[37] 罗文恩，周延风. 中国慈善组织市场化研究———背景、模式与路径 [J]. 管理世界，2010（12）：65 - 74.

[38] 潘乾，尹奎杰. 英国慈善组织监管法律制度及其借鉴 [J]. 行政论坛，2014（1）：96 - 100.

[39] 彭泗清. 信任的建立机制：关系运作与法制手段 [J]. 社会学研究，1999（2）：53 - 66.

[40] 彼得·什托姆普卡. 信任——一种社会学的理论 [M]. 程胜利，译. 北京：中华书局，2005：33.

[41] 乔占军. 会计信息披露机制——提升慈善组织公信力的路径选择 [J]. 理论观察，2013（2）：56 - 58.

[42] 乔占军. 慈善组织公信力重塑进程中政府作用机制研究 [J]. 社会福利，2015（1）：32 - 34.

[43] 秦安兰. 人际信任修复理论与实证研究 [M]. 北京：中国财政经济出版社，2018.

［44］上海市慈善基金会．慈善：创新与发展［M］．上海：上海社会科学出版社，2009：271.

［45］石国亮．慈善组织公信力重塑过程中第三方评估机制研究［J］．中国行政管理，2012（9）：64－70.

［46］石国亮．慈善组织公信力的影响因素分析［J］．中国行政管理，2014（5）：95－100.

［47］石国亮，廖鸿．慈善组织公信力的危机与重建［J］．马克思主义与现实，2015（6）：86－94.

［48］石国亮．慈善组织公信力研究［M］．北京：人民日报出版社，2015：122－125，311－317.

［49］石蒙蒙．中国红十字会与慈善事业信任度调查报告［J］．中国管理信息化，2013，16（18）：99－100.

［50］孙春霞，沈婕．社会信任理论视角下的慈善组织公信力重建［J］．湖北社会科学，2014（3）：45－50.

［51］孙发锋．信息公开：我国慈善组织公信力建设的突破口［J］．理论导刊，2012（9）：31－34.

［52］孙发锋．第三方评估：我国慈善组织公信力建设的必然要求［J］．行政论坛，2014（4）：81－84.

［53］王静，霍学喜，贾丹花．绿色农产品生产中的机会主义与农户网络组织信任［J］．农业技术经济，2011（2）：66－75.

［54］王娜．慈善组织公信力追问：透明为何那么难？［D］．长春：长春工业大学硕士学位论文，2011.

［55］王雪芳，张红霞．全行业危机下沟通策略的选择与消费者信任重建［J］．管理学报，2017（9）：1362－1373.

[56] 王雪飞，山岸俊男．信任的中、日、美比较研究 [J]．社会学研究，1999 (2)：67－82.

[57] 王洪彬．现代媒体“主观驱动”干预与政府公信力维护 [J]. 河南师范大学学报 (哲学社会科学版)，2013，40 (7)：11－14.

[58] 王洋，毛瑞，李逸飞，佟钧．传播媒体对大学生体育态度与行为的影响研究 [J]．体育科技文献通报，2015 (9)：30－31.

[59] 王一．为慈善立规英国怎么做400 多年前就有了《慈善法》[EB/OL]．中国社会科学网，2016－12－12.

[60] 王益龙．中国慈善组织的公信力危机及其化解 [D]．宁波：宁波大学硕士论文，2012：7.

[61] 工振耀．现代慈善的十大基本理念 [N]．南方周末，2011 (5)：17.

[62] 韦伯．儒教与道教 [M]．王荣芬，译．北京：商务印书馆，1995.

[63] 吴散散，张鑫，王丽敏，尹慧，陈璐，富旺．新媒体对大众防烟/控烟态度的正面影响 [J]．中国健康心理学杂志，2017，25 (1)：88－91.

[64] 吴娅雄，贾志勇．(2012)．信任修复理论前沿探析 [J]．科技管理研究，2012，(5)：211－214.

[65] 吴正锋，许克祥．国外慈善组织公信力建设及其经验借鉴 [J]．产业与科技论坛，2014 (10)：230－231.

[66] 徐麟．中国慈善事业发展研究 [M]．北京：中国社会出版社，2005：334－335.

[67] 薛可，熊文霞，余明阳．复杂网络环境下的品牌危机处理策

略［J］．深圳大学学报（人文社会科学版），2008，25（5）：90－95.

［68］杨平波，张晓琴. 慈善组织公信力财务解读［J］．财会通讯，2011（7）：74 －75.

［69］杨思斌，吴春晖．慈善公信力：内涵、功能及重构［J］．理论月刊，2012（12）：158－162.

［70］杨团．中国慈善发展报告（2017）．北京：社会科学文献出版社［M］，2017：40－43.

［71］姚琦，乐国安，赖凯声，张涔，薛婷．信任修复：研究现状及挑战［J］．心理科学进展，2012（6）．902－909

［72］姚锐敏．困境与出路：社会组织公信力建设问题研究［J］．中州学刊，2013（1）：62－67.

［73］喻国明．“抢盐风波”的生成因素、传播路径、议题演化及媒介表现［J］．新闻与写作，2011（5）：58－60.

［74］曾繁旭，戴佳，王宇琦．风险行业的公众沟通与信任建设：以中广核为例［J］．中国地质大学学报（社会科学版），2015（1）：68－76.

［75］曾盛聪．伦理失灵、道德焦虑与慈善公信力重建［J］．哲学动态，2013（10）：92－97.

［76］翟学伟．信任的本质及其变化［J］．社会，2014（1）：1－26.

［77］张建新，Michael H. B. 指向具体人物对象的人际信任：跨文化比较及其认知模型［J］．心理学报，1993（2）：164－171.

［78］张建新，张妙清，梁觉．殊化信任与泛化信任在人际信任行为路径模型中的作用［J］．心理学报，2000（3）：311－316.

[79] 张珂. 网络舆情突发事件中领导的应对之策 [J]. 领导科学，2012 (5)：40-41.

[80] 张鹏，李萍，赵文博. 破解慈善公信力困境：可追溯系统原理运用的理论与实证 [J]. 社会科学研究，2016 (3)：40-46.

[81] 张奇林. 中国慈善事业发展研究 [M]. 北京：人民出版社，2014：329.

[82] 张司飞，黄静. 企业领导者沟通方式与企业品牌形象：以慈善活动为例 [J]. 软科学，2012，26 (7)：123-126.

[83] 张伟珍. 从慈善组织公信力维度论中国慈善事业的发展 [J]. 中共四川省委党校学报，2007 (2)：78-80.

[84] 张弦，张梁，郑元春. 重塑慈善公信力 [J]. 社会与慈善，2011 (8)：8-21.

[85] 张祖平. 慈善组织公信力的生成、受损和重建机制研究 [J]. 上海财经大学学报，2015 (4)：21-29.

[86] 赵春雷. 论慈善组织信息公开的公信力塑造功能 [J]. 南京师大学报 (社会科学版)，2015 (6)：73-81.

[87] 甄茜. 非牟利体系：启动美利坚 [N]. 南方周末，2002 (1)：10.

[88] 周鸣阳. 社会组织形象力的提升路径研究 [J]. 商业时代，2013，(32)：81-82.

[89] 周尚思. 国内慈善机构信任度现状调查研究——郭某美事件对中国慈善的影响分析 [J]. 现代视听，2012 (9)：99-80.

[90] 朱博文，许伟. 我国居民社会公平感与普遍信任关系研究 [J]. 湖北社会科学，2016 (7)：46-53.

[91] 朱力，龙水红．我国现代慈善资源的动员机制［J］．南京社会科学，2012（1）：62－69.

[92] 朱正平．我国公益慈善事业发展的困境与出路［J］．中州学刊，2013，203（11）：60－63.

[93] 朱自立，闫巩固，桂譞．危机反应策略：危机事件中组织形象的维护［J］．首都师范大学学报（社会科学版），2010（4）：150－153.

[94] ALBU O B, WEHMEIER S. Organizational transparency and sense-making: The case of Northern Rock [J]. Journal of Public Relations Research, 2014, 26 (2): 117－133.

[95] ANDERSON J C, NARUS J A. A model of the distributor's perspective of distributor－manufacturer working relationships [J]. Journal of marketing, 1984, 48 (4): 62－74.

[96] ANDERSON J C, NARUS J A. A model of distributor firm and manufacturer firm working partnerships [J]. Journal of Marketing, 1990 (54): 42－58.

[97] ASTLEY W G, FOMBRUN C J. Collective strategy: Social ecology of organizational environments [J]. Academy of management review, 1983, 8 (4): 576－587.

[98] AUGER G A. Trust me, trust me not: An experimental analysis of the effect of transparency on organizations [J]. Journal of Public Relations Research, 2014, 26 (4): 325－343.

[99] BERG J, DICKHAUT J, MCCABE K. Trust, reciprocity and social history [J]. Games and economic behavior, 1995, 10 (1):

122 - 142.

[100] BEN - NER A, PUTTERMAN L. Trust, communication and contracts: An experiment [J]. Journal of Economic Behavior and Organization, 2009, 70 (1 - 2): 106 - 121.

[101] BOCHET O, PAGE T, PUTTERMAN L. Communication and punishment in voluntary contribution experiments [J]. Journal of Economic Behavior and Organization, 2006, 60: 11 - 26.

[102] BOTTOM W P, GIBSON K, DANIELS S E, MURNIGHAN J K. When talk is not cheap: Substantive penance and expressions of intent in rebuilding cooperation [J]. Organization Science, 2002, 13 (5): 497 - 513.

[103] BRODT S E, NEVILLE L. Repairing trust to preserve balance: a balance-theoretic approch to trust breach and repair in groups [J]. Negotiation and Conflict Management Research, 2013, 6 (1): 49 - 65.

[104] BROWN E, JAMES, M. Social capital and philanthropy: an anlysis of the impact of social capital on individual giving and volunteering [J]. Nonprfit and Voluntary Sector Quarterly. 2007, 36 (1): 85 - 99.

[105] CARTER C R, KAUFFMANN L, The impact of electronic reverse auctions on supplier performance: the mediating role of relationship variables [J]. The Journal of Supply Chain Management, 2007, 43 (1): 16 - 26.

[106] CHAFFEE S H, KANIHAN S F. Learning about politics from the mass media [J]. Political communication, 1997, 14 (4): 421 - 430.

[107] CHARITY COMMISSION. Charities and fundraising [M].

London: HMSO, 2002.

[108] CHEUNG C K, CHAN C M. Social-cognitive factors of donating money to charity, with special attention to an international relief organization [J]. Evaluation and Program Planning, 2000, 23 (2): 241-253.

[109] CHIOU J S, SHEN C C. The effects of satisfaction, opportunism, and asset specificity on consumers'loyalty intention toward internet portal sites [J]. International Journal of Service Industry Management, 2006, 17 (1): 7-22.

[110] CORLEY K G, COCHRAN P L, COMSTOCK T G. Image and the impact of public affairs management on internal stakeholders [J]. Journal of Public Affairs, 2001, 1 (1): 53-67.

[111] COSTELLO A B, OSBORNE J W. Best practices in exploratory factor analysis: Four recommendations for getting the most from your analysis [J]. Practical Assessment, Research & Evaluation, 2005, 10 (7): 1-9.

[112] CRANDALL C S, SILVIA P J, N'GBALA A N, TSANG J, DAWSON K. Balance theory, unit relations, and attribution: The underlying integrity of Heiderian theory [J]. Review of General Psychology, 2007 (11): 12-26.

[113] DAFT R L, LENGEL R H. Organizational information requirements, media richness and structural design [J]. Management science, 1986, 32 (5): 554-571.

[114] DARLEY J M, PITTMAN T S. The psychology of compensatory and retributive justice [J]. Personality and Social Psychology Review,

2003, 7 (4): 324 – 336.

[115] DIRKS K T, LEWICKI R J, ZAHEER A. Repairing relationships within and between organizations: Building a conceptual foundation [J]. Academy Management Review, 2009, (34): 68 – 84.

[116] DIRKS K T, KIM P H, FERRIN D L, COOPER C D. Understanding the effects of substantive responses on trust following a transgression [J]. Organizational Behavior and Human Decision Processes, 2011, 114 (2): 87 – 103.

[117] DWYER F R, SCHURR P H, OH S. Developing buyer-seller relationships [J]. Journal of Marketing, 1987, 51 (2): 11 – 27.

[118] EBRAHIM A. Making sense of accountability: Conceptual perspectives for northern and southern nonprofits [J]. Nonprofit management and leadership, 2003, 14 (2): 191 – 212.

[119] EDWARDS M, HULME D. NGO performance and accountability in the post-cold war world [J]. Journal of International Development, 1995, 7 (6): 849 – 856.

[120] EISENBERG P. Why charities think they can regulate themselves [J]. Chronicle of Philanthropy, 2000 (4): 45, 47.

[121] FERRIN D L, KIM P H, COOPER C D, DIRKS K T. Silence speaks volumes: the effectiveness of reticence in comparison to apology and denial for responding to integrity – and competence – based trust violations [J]. Journal of Applied Psychology, 2007, 92 (4): 893.

[122] FORNELL C, LARCKER D F. Evaluating structural equation models with unobservable variables and measurement error [J]. Journal of

marketing research, 1981, 18 (1): 39 -50.

[123] FUSSELL SISCO H, MCCORKINDALE T. Communicating "pink": An analysis of the communication strategies, transparency, and credibility of breast cancer social media sites [J]. International Journal of Nonprofit and Voluntary Sector Marketing, 2013, 18 (4): 287 -301.

[124] GIBELMAN M, GELMAN S R. Very public scandals: Non-governmental organizations in trouble. Voluntas: International Journal of Voluntary and Nonprofit Organizations, 2001, 12 (1): 49 -66.

[125] GIBELMAN M, GELMAN S R. A loss of credibility: Patterns of wrongdoing among nongovernmental organizations [J]. Voluntas: International Journal of Voluntary and Nonprofit Organizations, 2004, 15 (4), 355 -381.

[126] GILES M, MCCLENAHAN C, CAIRNS E, MALLET J. An application of the theory of planned behaviour to blood donation: the importance of self-efficacy [J]. Health education research, 2004, 19 (4): 380 -391.

[127] GILLESPIE N, DIETZ G. Trust repair after an organization-level failure [J]. Academy of Management Review, 2009, 34 (1): 127 -145.

[128] GONçALVES OLIVEIRA A, CARVALHO HA, PARETTI CORRÊA D. Public Governance and Governability: Accountability and Disclosure permitted by Accounting Applied to the Public Sector as a Sustainability Instrument for the State [J]. Revista de Educação e Pesquisa em Contabilidade, 2013, 7 (1): 89 -101.

[129] GOOCH L. Time the healer: Red Cross tries to salve wounds [J] . Sunday Age, 2003 (8): 4.

[130] HASSAN S H, MASRON T A, MOHAMED N, et al. Antecedents of trust towards the attitude of charitable organisation in monetary philanthropic donation among generation – Y [J] . Asian Academy of Management Journal, 2018, 23 (1), 53 – 78.

[131] HETHERINGTON M J. Why trust matters: Declining political trust and the demise of American liberalism [M] . Princeton: Princeton University Press, 2005.

[132] HOFFMANN W. How to manage a portfolio of alliances [J] . Long Range Planning, 2005, 38 (2): 121 – 143.

[133] HU L T, BENTLER PM. Cutoff criteria for fit indexes in covariance structure analysis: Conventional criteria versus new alternatives [J]. Structural equation modeling: a multidisciplinary journal, 1999, 6 (1): 1 – 55.

[134] ISAAC R M, WALKER J M. Communication and free – riding behavior: the voluntary contributions mechanism [J] . Economic Inquiry, 1988, 26 (4): 585 – 608.

[135] JARVENPAA S L, TRACTINSKY N, Vitale M. Consumer trust in an Internet store [J] . Information technology and management, 2000, 1 (1 – 2): 45 – 71.

[136] KENNEDY M S, FERRELL L K, LECLAIR D T. Consumers trust of salesperson and manufacturer: an empirical study [J] . Journal of Business Research, 2001, 51 (1): 73 – 86.

[137] KIM P H, FERRIN D L, COOPER C D, DIRKS K T. Removing the shadow of suspicion: the effects of apology versus denial for repairing competence-versus integrity-based trust violations [J] . Journal of applied psychology, 2004, 89 (1): 104 – 11.

[138] KIM P H, DIRKS K T, COOPER C D, FERRIN D L. When more blame is better than less: the implications of internal vs. external attributions for the repair of trust after a competence – vs. integrity – based trust violation [J] . Organizational Behavior and Human Decision Process, 2006, 99 (1): 49 –65.

[139] KIM P H , DIRKS K T, COOPER C D. The repair of trust: A dynamic bilateral perspective and multilevel conceptualization [J]. Academy of Management Review, 2009, 34 (3): 401 –422.

[140] KITCHING K. Audit value and charitable organizations [J]. Journal of Accounting and Public Policy, 2009, 28 (6): 510 –524.

[141] LAI C S, CHIU C J, YANG C F, PAI D C. The effects of corporate social responsibility on brand performance: The mediating effect of industrial brand equity and corporate reputation [J] . Journal of business ethics, 2010, 95 (3): 457 –469.

[142] LAUFER D, SILVERA D H, BRAD MCBRIDE J, SCHERTZER S M. Communicating charity successes across cultures: Highlighting individual or collective achievement [J] . European Journal of Marketing, 2010, 44 (9/10): 1322 – 1333.

[143] LEWICKI R, BUNKER B B. Developing and maintaining trust in work relationships. Trust in Organizations: Frontiers of Theory and Reach

[M] . Thousand Oaks, CA: Sage Publications. 1996: 114 – 139.

[144] LEWICKI R J, MCALLISTER D J, BIES R J. Trust and distrust: New relation – ships and realities [J] . Academy Management of Review, 1998, 23 (3): 438 – 458.

[145] LEWICKI R J, WIETHOFF C. Trust, trust development, and trust repair [M] //M. Deutsch, P. Coleman (Eds.), The handbook of conflict resolution: Theory and practice. San Francisco: Jossey – Bass, 2000: 86 – 107.

[146] LIGHT P C. Trust in charitable organizations [M]. Washington: Brookings Institution Press. 2002: 1 – 8.

[147] LOUNT R B JR, ZHONG C B, SIVANATHAN N, MURNIGHAN J K. Getting off on the wrong foot: The timing of a breach and the restoration of trust [J] . Personality and Social Psychology Bulletin, 2008, 34 (12): 1601 – 1612.

[148] MACMILLAN K, MONEY K, MONEY A, DOWNING S. Relationship marketing in the not-for-profit sector: an extension and application of the commitment-trust theory [J] . Journal of Business Research, 2005, 58 (6): 806 – 818.

[149] MARSH H W, HOCEVAR D. Application of confirmatory factor analysis to the study of self – concept: First – and higher order factor models and their invariance across groups [J] . Psychological bulletin, 1985, 97 (3): 562.

[150] MAYER R C, DAVIS J H, SCHOORMAN F D. An integrative model of organizational trust [J] . Academy of Management Review, 1995,

20 (3): 709 - 734.

[151] MCCOMBS M. Setting the agenda: Mass media and public opinion [M]. John Wiley & Sons, 2018.

[152] MINZNER A, KLERMAN J A, MARKOVITZ C E, FINK B. The impact of capacity - building programs on nonprofits: A random assignment evaluation [J]. Nonprofit and Voluntary Sector Quarterly, 2014, 43 (3): 547 - 569.

[153] MOORMAN C, DESHPANDE R, ZALTMAN G. Factors affecting trust in marketing researchrelationships [J]. Journal of Marketing Research, 1993, 57 (1): 81 - 101

[154] NAKAYACHI K, WATABE M. Restoring trustworthiness after adverse events: The signaling effects of voluntary "hostage posting" on trust [J]. Organizational Behavior and Human Decision Processes, 2005, 97 (1): 1 - 17.

[155] OHBUCHI K I, KAMEDA M, AGARIE N. Apology as aggression control: its role in mediating appraisal of and response to harm [J]. Journal of personality and social psychology, 1989, 56 (2): 219 - 227.

[156] PUTNAM R D. Bowling alone: The collapse and revival of American community [M]. New York: Simon and schuster, 2000.

[157] RAWLINS B. Give the emperor a mirror: Toward developing a stakeholder measurement of organizational transparency [J]. Journal of Public Relations Research, 2008, 21 (1): 71 - 99.

[158] SALLY D. Conversation and cooperation in social dilemmas: a meta - analysis of experiments from 1958 to 1992 [J]. Rationality and So-

ciety, 1995, 7 (1): 58-92.

[159] SARGEANT A. Charity giving: Towards a model of donor behavior [J]. Journal of Marketing Management, 1999, 15: 215-238.

[160] SARGEANT A. Relationship fundraising: How to keep donors loyal [J]. Nonprofit Management and Leadership, 2001, 12 (2): 177-192.

[161] SARGEANT A, LEE S. Individual and contextual antecedents of donor trust in the voluntary sector [J]. Journal of Marketing Management. 2002, 18 (7-8): 779-802.

[162] SARGEANT A, LEE S. Donor trust and relationship commitment in the UK charity sector: The impact on behavior [J]. Nonprofit and Voluntary Sector Quarterly, 2004, 33 (2): 185-202.

[163] SCHWEITZER ME, HERSHEY J C, BRADLOW E T. Promises and lies: Restoring violated trust [J]. Organizational behavior and human decision processes, 2006, 101 (1): 1-19.

[164] SNIP B. Factors influencing the intention to donate to charity organizations: importance of trust [D]. Master's thesis. University of Twente, 2011.

[165] STEVEN H C, STACEY F. Learning about politics from the mass media [J]. Political Communication, 1997, 14 (4): 421-430.

[166] SUMER H C, KNIGHT P A. Assimilation and contrast effects in performance ratings: Effects of rating the previous performance on rating subsequent performance [J]. Journal of Applied Psychology, 1996, 81 (4): 436-442.

[167] TOMLINSON E C, MRYER R C. The role of causal attribution dimensions in trust repair [J]. Academy of Management Review, 2009, 34 (1): 85 -104.

[168] TORRES - MORAGA E, VÁSQUEZ - PARRAGA A, Barra C. Antecedents of Donor Trust in an Emerging Charity Sector: the Role of Reputation, Familliarity, Opportunism and Communication [J]. Transylvanian Review of Administrative Sciences. 2010, 29 (6): 159 -177.

[169] VANDERWARREN K R. Financial Accountablity in Charitable Organizations: Mandating an Audit Committee Function [J]. Chicago - Kent Law Review, 2002, 77: 963 -988.

[170] WATHNE K H, HEIDE J B. Opportunism in interfirm relationships: Forms, outcomes, and solutions [J]. Journal of marketing, 2000, 64 (4): 36 -51.

[171] WILLIAMSON O E. Market and Hierarchies: Analysis and Anti-Trust Implication [M]. New York: The Free Press, 1975: 6.

[172] YAMAGISHI T. Group size and the provision of a sanctioning system in a social dilemma [M] //W. B. G. Liebrand, D. M. Messick, & H. A. M. Wilke (Eds.), International series in experimental social psychology. Social dilemmas: Theoretical issues and research findings. Elmsford: Pergamon Press, 1992: 267 -287.

[173] ZAK PL, KNACK S. Trust and growth [J]. The Economic Journal, 2001, 111 (470): 295 -321.

附录

附录 1　慈善组织公信力调查预测问卷

先生/女士：

您好！我们是慈善组织研究课题小组。下面是关于慈善组织公信力的问卷调查，本研究中慈善组织公信力是指公众对慈善组织的认可度和信任度。本次问卷调查采用不记名方式，真诚地感谢您的参与！您的意见和参与对于我们来说十分重要。谢谢！

第一部分　基本信息

1. 性别：①□男　　②□女
2. 民族：① □汉　　②□少数民族
3. 宗教：①□有　　②□无
4. 年龄：(　　) 周岁
5. 职业：①□党政机关公务员

　　②□专业技术人员（科教文卫工作人员）

　　③□私营企业主

　　④□商业从业人员

⑤□个体经营者

⑥□工人

⑦□学生

⑧□其他

6. 学历：①□初中及以下

②□高中、中专、中技、职高

③□大学专科

④□大学本科

⑤□硕士

⑥□博士

7. 个人月收入：①□300 以下　②□301—500 元

③□501—1000 元　④□1001—2000 元

⑤□2001—3000 元　⑥□3001—4000 元

⑦□4001—5000 元　⑧□5001—6000 元

⑨□7001—8000 元　⑨□9001—10000 元

⑩□10000 元以上

8. 婚姻：①□已婚　②□未婚　③□ 离婚

④□再婚　⑤□丧偶

9. 给慈善组织捐款经历：①□有　②□无

10. 捐款经历：①□有　②□无

第二部分　调查问卷

问卷一

1. 您是否听说过慈善？（限选一项）

（1）□是 （2）□否

2. 你是否听说过以下几个慈善组织（限选一项）

①	中国扶贫基金会	1□是 2□否
②	宋庆龄基金会	1□是 2□否
③	中国青少年发展基金会	1□是 2□否
④	中国残疾人联合会	1□是 2□否
⑤	中国妇女发展基金会	1□是 2□否
⑥	中国环保基金会	1□是 2□否
⑦	中国光彩事业促进会	1□是 2□否
⑧	中国红十字会	1□是 2□否

3. 以下题项请根据您的观点，选择对下列说法的认同度（每行限选一项）

①	慈善行为可以鼓励人们勤奋上进	□非常不同意 □不太同意 □一般 □比较同意 □非常同意
②	慈善行为可以使事务开展得更有效率	□非常不同意 □不太同意 □一般 □比较同意 □非常同意
③	慈善捐赠会让人们产生信任感	□非常不同意 □不太同意 □一般 □比较同意 □非常同意
④	慈善行为会增加人们的幸福感	□非常不同意 □不太同意 □一般 □比较同意 □非常同意
⑤	慈善活动有助于社会的安定团结	□非常不同意 □不太同意 □一般 □比较同意 □非常同意
⑥	慈善是一种自愿地奉献爱心和捐助的行为	□非常不同意 □不太同意 □一般 □比较同意 □非常同意
⑦	慈善事业能促进社会公平、体现社会正义	□非常不同意 □不太同意 □一般 □比较同意 □非常同意

续表

⑧	在社会保障体系不健全的条件下，应该大力发展慈善事业	□非常不同意 □不太同意 □一般 □比较同意 □非常同意
⑨	发展慈善事业需要每一个社会化成员的参与	□非常不同意 □不太同意 □一般 □比较同意 □非常同意
⑩	社会名人（明星）参加慈善活动能产生很好的示范和表率作用	□非常不同意 □不太同意 □一般 □比较同意 □非常同意
⑪	慈善捐助对困难群体能起到帮助作用	□非常不同意 □不太同意 □一般 □比较同意 □非常同意

4. 慈善信息反馈

您捐赠后收到慈善信息反馈的情况是？（限选一项）

①□全部收到　②□大部分收到　③□一半

④□少部分　⑤□从没有

问卷二

请根据您的理解，对下列问题做出判断：（每个题目限选一项）

1	大多数人基本上是相信他人的	□非常不同意 □不太同意 □一般 □比较同意 □非常同意
2	大多数人基本上是好的，善良的	□非常不同意 □不太同意 □一般 □比较同意 □非常同意
3	大多数人是值得信任的	□非常不同意 □不太同意 □一般 □比较同意 □非常同意
4	受人信任时大多数人也将信任对方	□非常不同意 □不太同意 □一般 □比较同意 □非常同意

续表

5	受人信任时大多数人将做出相应的回报	□非常不同意　□不太同意　□一般 □比较同意　□非常同意
6	我相信他人	□非常不同意　□不太同意　□一般 □比较同意　□非常同意
7	大多数人基本上是相信他人的	□非常不同意　□不太同意　□一般 □比较同意　□非常同意
8	完全信任别人常常会带来欢喜的而不是悲惨的结局	□非常不同意　□不太同意　□一般 □比较同意　□非常同意

下列几种人，您认为在多大程度上值得信任？（每个题目限选一项）

1	销售商	□非常不可信任　□不可信任　□说不准 □可以信任　□完全可以信任
2	网友	□非常不可信任　□不可信任　□说不准 □可以信任　□完全可以信任
3	生产商	□非常不可信任　□不可信任　□说不准 □可以信任　□完全可以信任
4	一般熟人	□非常不可信任　□不可信任　□说不准 □可以信任　□完全可以信任
5	社会上的大多数人	□非常不可信任　□不可信任　□说不准 □可以信任　□完全可以信任
6	直系亲属	□非常不可信任　□不可信任　□说不准 □可以信任　□完全可以信任
7	一般朋友	□非常不可信任　□不可信任　□说不准 □可以信任　□完全可以信任
8	邻居	□非常不可信任　□不可信任　□说不准 □可以信任　□完全可以信任

续表

9	单位同事	□非常不可信任 □不可信任 □说不准 □可以信任 □完全可以信任
10	其他亲属	□非常不可信任 □不可信任 □说不准 □可以信任 □完全可以信任
11	同学	□非常不可信任 □不可信任 □说不准 □可以信任 □完全可以信任
12	亲密朋友	□非常不可信任 □不可信任 □说不准 □可以信任 □完全可以信任
13	老乡	□非常不可信任 □不可信任 □说不准 □可以信任 □完全可以信任

问卷三

请根据您接触到的媒体报道，对下列观点做出判断：（每个题目限选一项）

1	大众传媒是我了解慈善组织的主要途径	□非常不同意 □不太同意 □一般 □比较同意 □非常同意
2	媒体是监督慈善组织运行的良好工具	□非常不同意 □不太同意 □一般 □比较同意 □非常同意
3	当前媒体关于慈善组织的报道大多数是真实的	□非常不同意 □不太同意 □一般 □比较同意 □非常同意
4	当前媒体关于慈善组织的报道大多是正面的	□非常不同意 □不太同意 □一般 □比较同意 □非常同意
5	媒体披露的新闻符合我对慈善组织的一贯印象	□非常不同意 □不太同意 □一般 □比较同意 □非常同意

续表

6	媒体的正面报道使我更加信任慈善组织	□非常不同意　□不太同意　□一般　□比较同意　□非常同意
7	媒体报道的负面新闻降低了我对慈善组织的信任	□非常不同意　□不太同意　□一般　□比较同意　□非常同意

问卷四

请根据您的理解，对下列问题做出判断：（每个题目限选一项）

1	慈善组织似乎认为他们的工作有益于我，而实际上他们只是寻求自己的利益	□非常不同意　□不太同意　□一般　□比较同意　□非常同意
2	我认为慈善组织根本不在乎普通的捐赠者	□非常不同意　□不太同意　□一般　□比较同意　□非常同意
3	我所捐赠的慈善组织只对我捐赠的钱感兴趣	□非常不同意　□不太同意　□一般　□比较同意　□非常同意
4	我所捐赠的慈善组织为我提供了充足的、我所喜欢的信息	□非常不同意　□不太同意　□一般　□比较同意　□非常同意
5	我所捐赠的慈善组织非常了解我的捐款正在发生什么	□非常不同意　□不太同意　□一般　□比较同意　□非常同意
6	我所捐赠的慈善组织向我提供了明确的信息	□非常不同意　□不太同意　□一般　□比较同意　□非常同意

问卷五

根据您对慈善组织的认识，选择符合您观点的选项：（每个题目限选一项）

1	慈善组织的工作人员热情、做事认真	□非常不同意 □不太同意 □一般 □比较同意 □非常同意
2	慈善组织的工作人员有良好的业务素质	□非常不同意 □不太同意 □一般 □比较同意 □非常同意
3	慈善活动和捐助的程序简便、明了	□非常不同意 □不太同意 □一般 □比较同意 □非常同意
4	慈善组织的经费使用得当	□非常不同意 □不太同意 □一般 □比较同意 □非常同意
5	慈善组织进行的慈善活动都取得了很好的效果	□非常不同意 □不太同意 □一般 □比较同意 □非常同意
6	慈善组织很好地帮助了弱势群体	□非常不同意 □不太同意 □一般 □比较同意 □非常同意
7	慈善组织能够广泛动员社会力量	□非常不同意 □不太同意 □一般 □比较同意 □非常同意
8	慈善组织能够广泛募捐	□非常不同意 □不太同意 □一般 □比较同意 □非常同意
9	慈善组织项目运行良好	□非常不同意 □不太同意 □一般 □比较同意 □非常同意
10	慈善组织的专业化水平能胜任它的角色	□非常不同意 □不太同意 □一般 □比较同意 □非常同意
11	慈善组织出现问题时，能及时追究	□非常不同意 □不太同意 □一般 □比较同意 □非常同意
12	慈善组织能够及时发现并处理违纪行为	□非常不同意 □不太同意 □一般 □比较同意 □非常同意

续表

13	慈善组织所举办的慈善活动都是合法的	□非常不同意　□不太同意　□一般 □比较同意　□非常同意
14	慈善组织及工作人员讲信誉	□非常不同意　□不太同意　□一般 □比较同意　□非常同意
15	慈善组织自身和发布的信息真实可靠	□非常不同意　□不太同意　□一般 □比较同意　□非常同意
16	慈善组织人员清明廉洁，没有贪污受贿	□非常不同意　□不太同意　□一般 □比较同意　□非常同意
17	慈善组织的决定很公正	□非常不同意　□不太同意　□一般 □比较同意　□非常同意
18	慈善组织能公平公正地对受捐赠者进行善款捐赠	□非常不同意　□不太同意　□一般 □比较同意　□非常同意
19	慈善组织及时向捐助者回馈信息	□非常不同意　□不太同意　□一般 □比较同意　□非常同意
20	慈善组织及时准确地公开了资金使用去向	□非常不同意　□不太同意　□一般 □比较同意　□非常同意
21	慈善组织公开的年度财务报告、准确可信	□非常不同意　□不太同意　□一般 □比较同意　□非常同意
22	慈善组织及时准确地公开了活动的成本	□非常不同意　□不太同意　□一般 □比较同意　□非常同意
23	慈善组织公开了年度预算	□非常不同意　□不太同意　□一般 □比较同意　□非常同意
24	慈善组织在捐赠善款时能充分满足受捐者的自尊	□非常不同意　□不太同意　□一般 □比较同意　□非常同意
25	慈善组织在开展慈善活动前能充分调研，了解弱势群体的需求	□非常不同意　□不太同意　□一般 □比较同意　□非常同意

续表

26	慈善组织在捐赠物品与善款时能充分考虑到受捐者的心理感受	□非常不同意　□不太同意　□一般 □比较同意　□非常同意
27	慈善组织能以提升受捐者的自助能力为目的开展慈善活动	□非常不同意　□不太同意　□一般 □比较同意　□非常同意

问卷六

1. 你是否知道以下几个慈善危机事件（限选一项）

序号	慈善事件	选项
①	深圳罗某事件	1□知道　2□不知道
②	杨某斤事件	1□知道　2□不知道
③	“助学达人”侵女童案	1□知道　2□不知道
④	施某会募捐置顶事件	1□知道　2□不知道
⑤	郭某美事件	1□知道　2□不知道
⑥	某省宋庆龄基金会事件	1□知道　2□不知道

2. 您是否持续关注慈善的负面新闻？（限选一项）

A □是　B □否

3. 郭某美事件是否降低了您对慈善组织的信心？（限选一项）

①□没有降低　②□轻微降低　③□不清楚

④□较大降低　⑤□彻底降低

4. 深圳罗某事件是否降低了您对网络慈善的信心？（限选一项）

①□没有降低　②□轻微降低　③□不清楚

④□较大降低　⑤□彻底降低

5. 在慈善危机事件发生前，您认为（限选一项）

①	对慈善组织的能力有信心	□非常不同意　□不太同意　□一般 □比较同意　□非常同意
②	相信慈善组织是具有善心的组织	□非常不同意　□不太同意　□一般 □比较同意　□非常同意
③	相信慈善组织能正直、公正地处理慈善事务	□非常不同意　□不太同意　□一般 □比较同意　□非常同意

6. 慈善危机事件发生后，您对慈善组织的信任受到的影响?（限选一项）

①□没有影响　②□较小影响　③□一般

④□较大影响　⑤□非常影响

7. 慈善事件发生后，您会感觉自己的捐赠者身份受到消极影响吗?（限选一项）

①□没有影响　②□较小影响　③□一般

④□较大影响　⑤□非常影响

8. 以后您继续对慈善组织捐赠的可能性?（限选一项）

①□不会　②□较少可能会　③□一般

④□较可能会　⑤□一定会

9. 慈善危机事件后，您认为（限选一项）

①	依然会信任慈善组织的能力	□非常不同意　□不太同意　□一般 □比较同意　□非常同意
②	仍然相信慈善组织是具有善心的组织	□非常不同意　□不太同意　□一般 □比较同意　□非常同意
③	依然会相信慈善组织能正直、公正地处理慈善事务	□非常不同意　□不太同意　□一般 □比较同意　□非常同意

10. 根据您的理解，选择符合您观点的选项（限选一项）

①	慈善组织因为自身能力不足，导致善款没有有效利用	□非常不同意 □不太同意 □一般 □比较同意 □非常同意
②	慈善组织因为顾及自身的利益，导致善款没有有效利用	□非常不同意 □不太同意 □一般 □比较同意 □非常同意
③	慈善组织为了能更多地筹集善款，虚构了求助者的一些情况	□非常不同意 □不太同意 □一般 □比较同意 □非常同意

11. 慈善危机事件后，慈善组织的以下行为在修复效果上，您的观点是？（限选一项）

①	慈善组织否认危机事件中自己的责任	□几乎没有效果 □不太有效果 □一般 □效果较好 □效果很好
②	慈善组织对公众道歉	□几乎没有效果 □不太有效果 □一般 □效果较好 □效果很好
③	慈善组织对在危机事件中受到伤害的公众给予一定的赔偿	□几乎没有效果 □不太有效果 □一般 □效果较好 □效果很好
④	慈善组织披露危机事件真相	□几乎没有效果 □不太有效果 □一般 □效果较好 □效果很好
⑤	慈善组织通过采取行动弥补在危机事件中所犯下的错误	□几乎没有效果 □不太有效果 □一般 □效果较好 □效果很好
⑥	慈善组织承诺在以后的组织行为中避免发生类似事件	□几乎没有效果 □不太有效果 □一般 □效果较好 □效果很好

12. 您觉得以下方法在提升公众对慈善组织的信任度方面效果如何？（限选一项）

①	慈善组织建立或完善规范	□几乎没有效果 □不太有效果 □一般 □效果较好 □效果很好
②	慈善组织惩罚相应的工作人员	□几乎没有效果 □不太有效果 □一般 □效果较好 □效果很好
③	慈善组织加强监督管理机制	□几乎没有效果 □不太有效果 □一般 □效果较好 □效果很好
④	慈善组织承担社会责任	□几乎没有效果 □不太有效果 □一般 □效果较好 □效果很好
⑤	慈善组织重塑组织形象	□几乎没有效果 □不太有效果 □一般 □效果较好 □效果很好

13. 您认为当前慈善组织公信力不高的最主要原因是慈善组织________（限选一项）

①□法律地位不明确 ②□专业化程度不高

③□财务制度不健全 ④□信息不对称

⑤□领导及组织成员的个人作风问题 ⑥□媒体负面报道

14. 您认为当前慈善组织要重建公信力（公众对慈善组织的认可与信任），最需要从以下哪些方面来进行________（限选3项）

①□从业人员专业水平 ②□机构设置

③□工作透明度 ④□组织形象

⑤□捐赠信息反馈 ⑥□知名人士参与情况

⑦□制度建设 ⑧□自身能力建设

⑨□危机公关

15. 您认为什么样的慈善组织是值得信任的，请简要描述一下能够让您信任的慈善组织应该具有的特征？

16. 您认为慈善危机事件后，慈善组织如何做才能有效地挽回捐赠者的信任？

附录2　慈善组织公信力正式调查问卷

先生/女士：

您好！我们是慈善组织研究课题小组。下面是关于慈善组织公信力的问卷调查，本研究中慈善组织公信力是指公众对慈善组织的认可度和信任度。本次问卷调查采用不记名方式，真诚地感谢您的参与！您的意见和参与对于我们来说十分重要。谢谢！

第一部分　基本信息

1. 性别：①□男　　②□女

2. 民族：① □汉　　②□少数民族

3. 宗教：①□有　　②□无

4. 年龄：(　　) 周岁

5. 职业：①□党政机关公务员

②□专业技术人员（科教文卫工作人员）

③□私营企业主

④□商业从业人员

⑤□个体经营者

⑥□工人

⑦□学生

⑧□其他

6. 学历：①□初中及以下

②□高中、中专、中技、职高

③□大学专科

④□大学本科

⑤□硕士

⑥□博士

7. 个人月收入：①□300 元以下　②□301—500 元

③□501—1000 元　④□1001—2000 元

⑤□2001—3000 元　⑥□3001—4000 元

⑦□4001—5000 元　⑧□5001—6000 元

⑨□7001—8000 元　⑩□9001—10000 元

⑪□10000 元以上

8. 婚姻：①□已婚　②□未婚　③□ 离婚

④□再婚　⑤□丧偶

9. 给慈善组织捐款经历：①□有　②□无

10. 捐款经历：①□有　②□无

第二部分 调查问卷

问卷一

1. 您是否听说过慈善？（限选一项）

（1）□是 （2）□否

2. 您是否听说过以下几个慈善组织（限选一项）

①	中国扶贫基金会	1□是	2□否
②	宋庆龄基金会	1□是	2□否
③	中国青少年发展基金会	1□是	2□否
④	中国残疾人联合会	1□是	2□否
⑤	中国妇女发展基金会	1□是	2□否
⑥	中国环保基金会	1□是	2□否
⑦	中国光彩事业促进会	1□是	2□否
⑧	中国红十字会	1□是	2□否

3. 以下题项请根据您的观点，选择对下列说法的认同度（每行限选一项）

①	慈善行为可以鼓励人们勤奋上进	□非常不同意 □不太同意 □一般 □比较同意 □非常同意
②	慈善行为可以使事务开展得更有效率	□非常不同意 □不太同意 □一般 □比较同意 □非常同意
③	慈善捐赠会让人们产生信任感	□非常不同意 □不太同意 □一般 □比较同意 □非常同意
④	慈善行为会增加人们的幸福感	□非常不同意 □不太同意 □一般 □比较同意 □非常同意
⑤	慈善活动有助于社会的安定团结	□非常不同意 □不太同意 □一般 □比较同意 □非常同意

4. 慈善信息反馈

您捐赠后受到慈善信息反馈的情况是？（限选一项）

①□全部收到　　②□大部分收到　　③□一半

④□少部分　　⑤□从没有

问卷二

请根据您的理解，对下列问题做出判断：（每个题目限选一项）

1	大多数人基本上是相信他人的	□非常不同意　□不太同意　□一般　□比较同意　□非常同意
2	受人信任时大多数人也将信任对方	□非常不同意　□不太同意　□一般　□比较同意　□非常同意
3	我相信他人	□非常不同意　□不太同意　□一般　□比较同意　□非常同意
4	受人信任时大多数人也将做出相应的回报	□非常不同意　□不太同意　□一般　□比较同意　□非常同意

下列几种人，您认为在多大程度上值得信任？（每个题目限选一项）

1	销售商	□非常不可信任　□不可信任　□说不准　□可以信任　□完全可以信任
2	网友	□非常不可信任　□不可信任　□说不准　□可以信任　□完全可以信任
3	生产商	□非常不可信任　□不可信任　□说不准　□可以信任　□完全可以信任
4	一般熟人	□非常不可信任　□不可信任　□说不准　□可以信任　□完全可以信任

续表

5	社会上的大多数人	□非常不可信任 □不可信任 □说不准 □可以信任 □完全可以信任
6	直系亲属	□非常不可信任 □不可信任 □说不准 □可以信任 □完全可以信任
7	一般朋友	□非常不可信任 □不可信任 □说不准 □可以信任 □完全可以信任
8	邻居	□非常不可信任 □不可信任 □说不准 □可以信任 □完全可以信任
9	单位同事	□非常不可信任 □不可信任 □说不准 □可以信任 □完全可以信任
10	其他亲属	□非常不可信任 □不可信任 □说不准 □可以信任 □完全可以信任
11	同学	□非常不可信任 □不可信任 □说不准 □可以信任 □完全可以信任
12	亲密朋友	□非常不可信任 □不可信任 □说不准 □可以信任 □完全可以信任
13	老乡	□非常不可信任 □不可信任 □说不准 □可以信任 □完全可以信任

问卷三

请根据您接触到的媒体报道，对下列观点做出判断：（每个题目限选一项）

1	大众传媒是我了解慈善组织的主要途径	□非常不同意 □不太同意 □一般 □比较同意 □非常同意
2	媒体是监督慈善组织运行的良好工具	□非常不同意 □不太同意 □一般 □比较同意 □非常同意

续表

3	当前媒体关于慈善组织的报道大多数是真实的	□非常不同意 □不太同意 □一般 □比较同意 □非常同意
4	当前媒体关于慈善组织的报道大多是正面的	□非常不同意 □不太同意 □一般 □比较同意 □非常同意
5	媒体披露的新闻符合我对慈善组织的一贯印象	□非常不同意 □不太同意 □一般 □比较同意 □非常同意
6	媒体的正面报道使我更加信任慈善组织	□非常不同意 □不太同意 □一般 □比较同意 □非常同意
7	媒体报道的负面新闻降低了我对慈善组织的信任	□非常不同意 □不太同意 □一般 □比较同意 □非常同意

问卷四

请根据您的理解，对下列问题做出判断：（每个题目限选一项）

1	慈善组织似乎认为他们的工作有益于我，而实际上他们只是寻求自己的利益	□非常不同意 □不太同意 □一般 □比较同意 □非常同意
2	我认为慈善组织根本不在乎普通的捐赠者	□非常不同意 □不太同意 □一般 □比较同意 □非常同意
3	我所捐赠的慈善组织只对我捐赠的钱感兴趣	□非常不同意 □不太同意 □一般 □比较同意 □非常同意
4	我所捐赠的慈善组织为我提供了充足的、我所喜欢的信息	□非常不同意 □不太同意 □一般 □比较同意 □非常同意
5	我所捐赠的慈善组织非常了解我的捐款正在发生什么	□非常不同意 □不太同意 □一般 □比较同意 □非常同意
6	我所捐赠的慈善组织向我提供了明确的信息	□非常不同意 □不太同意 □一般 □比较同意 □非常同意

问卷五

根据您对慈善组织的认识，选择符合您观点的选项：（每个题目限选一项）

1	慈善组织进行的慈善活动都取得了很好的效果	□非常不同意 □不太同意 □一般 □比较同意 □非常同意
2	慈善组织的专业化水平能胜任它的角色	□非常不同意 □不太同意 □一般 □比较同意 □非常同意
3	慈善组织出现问题时，能及时追究	□非常不同意 □不太同意 □一般 □比较同意 □非常同意
4	慈善组织人员清明廉洁，没有贪污受贿	□非常不同意 □不太同意 □一般 □比较同意 □非常同意
5	慈善组织的决定很公正	□非常不同意 □不太同意 □一般 □比较同意 □非常同意
6	慈善组织能公平公正地对受捐赠者进行善款捐赠	□非常不同意 □不太同意 □一般 □比较同意 □非常同意
7	慈善组织在开展慈善活动前能充分调研，了解弱势群体的需求	□非常不同意 □不太同意 □一般 □比较同意 □非常同意
8	慈善组织在捐赠物品与善款时能充分考虑到受捐者的心理感受	□非常不同意 □不太同意 □一般 □比较同意 □非常同意
9	慈善组织能以提升受捐者的自助能力为目的开展慈善活动	□非常不同意 □不太同意 □一般 □比较同意 □非常同意

问卷六

1. 您是否知道以下几个慈善危机事件（每个题限选一项）

序号	慈善事件	选项
①	深圳罗某事件	1□知道　　2□不知道
②	杨某斤事件	1□知道　　2□不知道
③	“助学达人”侵女童案	1□知道　　2□不知道
④	施某会募捐置顶事件	1□知道　　2□不知道
⑤	郭某美事件	1□知道　　2□不知道
⑥	某省宋庆龄基金会事件	1□知道　　2□不知道

2. 您是否持续关注慈善的负面新闻？（限选一项）

A □是　　B □否

3. 郭某美事件是否降低了您对慈善组织的信心？（限选一项）

①□没有降低　②□轻微降低　③□不清楚

④□较大降低　⑤□彻底降低

4 深圳罗某事件是否降低了您对网络慈善的信心？（限选一项）

①□没有降低　②□轻微降低　③□不清楚

④□较大降低　⑤□彻底降低

5. 在慈善危机事件发生前，您认为（限选一项）

①	对慈善组织的能力有信心	□非常不同意　□不太同意　□一般 □比较同意　□非常同意
②	相信慈善组织是具有善心的组织	□非常不同意　□不太同意　□一般 □比较同意　□非常同意
③	相信慈善组织能正直、公正地处理慈善事务	□非常不同意　□不太同意　□一般 □比较同意　□非常同意

6. 慈善危机事件发生后，您对慈善组织的信任受到的影响？（限选一项）

①□没有影响　②□较小影响　③□一般
④□较大影响　⑤□非常影响

7. 慈善事件发生后，您会感觉自己的捐赠者身份受到消极影响吗？（限选一项）

①□没有影响　②□较小影响　③□一般
④□较大影响　⑤□非常影响

8. 以后您继续对慈善组织捐赠的可能性？（限选一项）

①□不会　②□较少可能会　③□一般
④□较可能会　⑤□一定会

9. 慈善危机事件后，您认为（限选一项）

①	依然会信任慈善组织的能力	□非常不同意　□不太同意　□一般 □比较同意　□非常同意
②	仍然相信慈善组织是具有善心的组织	□非常不同意　□不太同意　□一般 □比较同意　□非常同意
③	依然相信慈善组织能正直、公正地处理慈善事务	□非常不同意　□不太同意　□一般 □比较同意　□非常同意

10. 对以下判断，您认为（限选一项）

①	慈善组织因为自身能力不足，导致善款没有有效利用	□非常不同意　□不太同意　□一般 □比较同意　□非常同意
②	慈善组织因为顾及自身的利益，导致善款没有有效利用	□非常不同意　□不太同意　□一般 □比较同意　□非常同意
③	慈善组织为了能更多地筹集善款，虚构了求助者的一些情况	□非常不同意　□不太同意　□一般 □比较同意　□非常同意

11. 慈善危机事件后，慈善组织的以下行为在修复效果上，您的观点是？（限选一项）

①	慈善组织否认危机事件中自己的责任	□几乎没有效果 □不太有效果 □一般 □效果较好 □效果很好
②	慈善组织对公众道歉	□几乎没有效果 □不太有效果 □一般 □效果较好 □效果很好
③	慈善组织对在危机事件中受到伤害的公众给予一定的赔偿	□几乎没有效果 □不太有效果 □一般 □效果较好 □效果很好
④	慈善组织披露危机事件真相	□几乎没有效果 □不太有效果 □一般 □效果较好 □效果很好
⑤	慈善组织通过采取行动弥补在危机事件中所犯下的错误	□几乎没有效果 □不太有效果 □一般 □效果较好 □效果很好
⑥	慈善组织承诺在以后的组织行为中避免发生类似事件	□几乎没有效果 □不太有效果 □一般 □效果较好 □效果很好

12. 您觉得以下方法在提升公众对慈善组织的信任度方面效果如何？（限选一项）

①	慈善组织建立或完善规范	□几乎没有效果 □不太有效果 □一般 □效果较好 □效果很好
②	慈善组织惩罚相应的工作人员	□几乎没有效果 □不太有效果 □一般 □效果较好 □效果很好
③	慈善组织加强监督管理机制	□几乎没有效果 □不太有效果 □一般 □效果较好 □效果很好
④	慈善组织承担社会责任	□几乎没有效果 □不太有效果 □一般 □效果较好 □效果很好

续表

⑤	慈善组织重塑组织形象	□几乎没有效果 □不太有效果 □一般 □效果较好 □效果很好

13. 您认为当前慈善组织公信力不高的最主要原因是慈善组织________（限选一项）

①□法律地位不明确 ②□专业化程度不高

③□财务制度不健全 ④□信息不对称

⑤□领导及组织成员的个人作风问题 ⑥□媒体负面报道

14. 您认为当前慈善组织要重建公信力（公众对慈善组织的认可与信任），最需要从以下哪些方面来进行________（限选3项）

①□从业人员专业水平 ②□机构设置

③□工作透明度 ④□组织形象

⑤□捐赠信息反馈 ⑥□知名人士参与情况

⑦□制度建设 ⑧□自身能力建设

⑨□危机公关

15. 您认为什么样的慈善组织是值得信任的，请简要描述一下能够让您信任的慈善组织应该具有的特征？

____

____

____

16. 您认为慈善危机事件后，慈善组织如何做才能有效地挽回捐赠者的信任？

____

____